古代哲学史

田中美知太郎

講談社学術文庫

目次

古代哲学史

古代哲学史

I

西洋古代哲学史

一

むかしのギリシア人が、生と死について、自然と人生について、また社会と個人について、どんなことを考えていたかということは、これをひろく各方面から調べてみることができる。彼らの墓碑銘やおどり歌の文句を取ってみても、また物語や戯曲などの作品とか、議会や法廷の弁論、公会の演説などを読んでみても、それを知ることができるし、またその宗教行事や社会的習慣などを調べてみても、それをいろいろに推察することができる。

しかしながら、これらはギリシア人一般の思想や感情を内におさめているとはいえ、思想そのものを、はっきりと独立したかたちで示しているわけではない。思想を思想として取り出し、これに独立の取り扱いを与えるというのには、いわゆる哲学者の出現を待たねばならなかった。それは少数天才の仕事であった。それは一般人の思想や感情を土台にするものであるとも考えられるが、時代時代についてみれば、むしろ一般の思想と対立し、思想家が孤独な立場にある場合も決して少なくはない。

無論、それらの思想家の理解者も欠けてはいないで、それの熱心な支持者は、時と共に増加し、一般の流行をつくり出すかのように見えることもある。しかしそれとても、一部の知識層が動かされたまでのことで、一般人の思想は昔ながらの流れをなしていたのではないかと疑われる。人間精神の神性を信じ、霊魂の不滅を論ずることは、プラトン哲学の特色ある一面と見られるであろうが、墓場のまつりを中心に、ぼんやりと死すべき人間のいのちを考えていた一般人には、ほとんど没交渉の思想ではなかったかとも疑われる。しかも一般人の生死の考えは、ホメロス以前から古代末まで、あまり変化しない面が、少なからず見出されるようにも思われるのである。

従って、ギリシア思想の研究といっても、いろいろなものがあることを知らねばならない。ギリシア人一般の思想感情を、いろいろな材料から探り出すというのも、その一つである。そのような研究によって人々は、他の諸民族とも共通するような、原始的な思考をギリシア人の生活のうちに、いろいろと発見することができるであろう。

しかしまた他の人々は、世界史的な見地に立って、世界の思想の歴史が、特にギリシア人のうちから借りなければならなかったような、何か特異なもの、しかも後の思想史の発展に重要な意味をもつがごときものを求めようとする。この場合には、多数のギリシア人が何を考えていたかというようなことは、それだけでは問題にならない。それは他の人々も、他の時代に考えていたような、平凡のことが多くて、別に思想の歴史に、新しい発展をもたらすような、特異のものが認められないからである。このような思想史の見地に立つ時、わたしたちはむしろ少数の、時には孤独な、思想的天才の思想に注目しなければならなくなる。これが狭義のギリシア思想史、あるいはギリシア哲学史の研究である。

しかしながら、この種の研究は、思想家の思想を一応それ自体において、他の歴史的関連から引き離して取り扱うのであるから、一種の抽象性をまぬかれない。無論、すべての専門史は、このような抽象なしには成立し得ないのであるが、他面また、歴史的理解は何かこのような抽象性の克服を要求するもののようにも考えられる。

すなわちわたしたちは、全体の歴史的関連から引き離されて、ただ思想そのものとして取り扱われたものを、もう一度全体的関連のうちにおいて、歴史全体の流れのうちにこれを理解したいと思うのである。その時、少数の思想的天才の思想は、一般大衆の思想感情を背景にして理解されることにもなれば、また他の芸術的天才の仕事といっしょに考えられることにもなり、政治情勢や経済事情、科学技術や宗教行事など、一切のものがこれに関連をもつことになる。抽象の立場を徹底させたものが、もし純粋思想史、あるいは単に思想史と呼ばれるならば、このように思想を全体的関連のうちに捉えようとする立場は、精神史の立場となるであろう。思想は精神の一部と考えられるからである。

しかしわたしたちは、この全体的関連をもっとひろく、文化や社会のうちに求めることもできる。その時、思想史は文化史や社会史の一部となる。しかしながら、このような場合には、今度は思想が、その一部しか取り扱われなくなる危険が多くなる。社会や文化の一般に関係のあるような一面のみが取り出されるわけである。いわゆる文化史や社会史もまた、多分に抽象的なのである。それはしばしば一種の浅薄さとなって現われる。

ペルシア戦争の英雄であったテミストクレスについて、次のようなことが言い伝えられている。[*] それはある小国人がテミストクレスに向かって、あなたの今日の名声は、あなた自身の力によるのではなくて、たまたまあなたがアテナイのような国に生まれていたからだと言って、彼の声望にけちをつけようとした時、それはなるほどわたしが君の国に生まれていたのでは、今日の名をなすことはできなかったかも知れないが、しかし君がアテナイに生まれていたからといって、わたしのような名が得られるとは限らないだろう、と答えたというのである。天才の仕事を社会条件だけで説明しようとする者は、この小国人と同じであると言わなければならない。

* Plato, *Respublica*, 329E-330A; Herodotus VIII. 125.

無論、思想の社会史的研究や一般文化史的研究は、充分に有意義なことであって、思想史を精神史に深めるためにも、ぜひ必要なことである。しかしそれらの社会史的研究や文化史的研究をもって、思想史そのものに代えることはできない。思想はどこまでも思想そのものとして理解されなければならないような、自己自身のものをもっているからである。全体的関連において理解するということは、わたしたちの理想として、常に努力されなければならないことではあるが、実際の歴史研究においては、どこかに一面性が出て来ることを知らねばならない。いわゆる精神史的研究というようなことも、軽々しく口にされたりするけれども、実際の歴史研究としては、なかなか大へんなのである。わたしたちとしてはまず一応、思想そのものを抽象的、一面的に理解することから始めなければならない。つまりわたしたちがここで取り扱うギリシア思想は、そのような限られた意味のギリシア思想なのである。

二

ところで、このような思想史は、イオニアの自然学者たちをもって始まると考えてよいであろう。アリストテレス以来の伝統に従って、哲学史もまたちょうどそこから始められる習慣になっているからである。

しかしながら、そのような思想史研究によって与えられるもののうちから、どれだけを特にギリシア思想として取り出すかは、なお問題であると言わなければならない。イオニアの自然学者たちによって、自然についての思想が、明確に思想のかたちを取って言いあらわされ、これが人々の共同討議にゆだねられてから、いわば思想は自己自身の運動を始めて、それが今日に連続しているとも考えられるのであるが、純粋思想史の立場から言えば、そのような思想発展の歴史がすべてであって、そのどの部分が特にギリシア的と形容さるべきものであるかというようなことは、実はどうでもよいことであると考えられる。ギリシア的ということは、思想そのものに属することではなく、思想内容からは決定されないことなのである。従ってわたしたちは、これを思想の外部から決定しなければならない。それは思想そのものにとっては、よそから加えられた規定として、何か偶然的なものと見られなければならないであろう。

古代哲学史は、イオニアの自然学者タレス（前五八五年）に始まり、ユスティニアヌス帝の勅令によって、アテナイにおける哲学の教授が禁止された年（後五二九年）をもって、一応は終ると見られる習慣のようであるが、この千百年間の思想が、一様にギリシア的であると言うことは無論できないわけである。ニイチェのように考えれば、ソクラテス以前の哲学者だけが、本当のギリシア思想を求めればよいことになる。*つまり最初の二百年足らずの間にだけ、ギリシア思想を求めればよいということになる。それはペルシア戦争前後の時代に当るわけである。ソクラテス（前四六九—三九九年）やエウリピデス（前四八〇—四〇六年）に、すでにギリシア思想のデカダンスを認めなければならないとすれば、真に健康なギリシア思想は、それ以前に求められなければならないであろう。ギリシア的特色の決定は、何かこのように勝手なところがあるように思われる。しかしわたしたちとしては今のところ、出来るだけそのような勝手を少なくし、偶然性を少なくするようにしなければならないであろう。

* Fr. Nietzsche, *Der Wille zur Macht* (W., Bd. 15), SS. 466 ff.

既に言われたように、ギリシア的という形容の決定は、思想そのものの外部においてなされるのであるが、この外部的な見地を、わたしたち自身の勝手な見方におかずに、思想史を抽象的一面とするがごとき、歴史の全体的関連のうちに求めることができれば、わたしたちはある程度までこの困難を解くことができるであろう。

事実、古代史は文化史的にも、政治史的にも、アレクサンドロス大王（在位前三三六―三二三年）の出現によって、重大な変化を受けることになるのであるが、それは思想史的にも重要な変化を伴うものであったと言うことができるであろう。アリストテレス（前三八四―三二二年）は、彼の教え子であったと伝えられるアレクサンドロス大王と、ほぼ同じ頃に――やかましく言えば一年ほど後れて――死去したのであるが、それは思想史的にも、ひとつの時代の終りであり、他の新しい時代のはじまりであるという意味をもっていた。

タレスからアリストテレスまでの思想史は、一種の連続的発展のかたちをしていて、次から次へと新しい思想家が出て、前の人の思想をいっそう徹底させたり、あるいは別の新しい出発点をつくったりしながら、それらがいっそう綜合的な見地において統一されるような結果になっているが、アリストテレスの死と共に、そのような連続的発展は断絶し、綜合的なものは分解し、新学派として起ったストア派やエピクロス派も、いくらか歴史を逆もどりして、広義のイオニア派に属するヘラクレイトス（前五〇〇年頃）やデモクリトス（前四二〇年頃）の思想に連絡し、何かそのようなところから再出発することになる。

アレクサンドロスの出現によって、ギリシア風の市民国家（ポリス）として都市は東方諸国に数多く建設されたけれども、市民国家なるものは多くの意味をもち得なくなったから、市民国家における政治と道徳を考えたプラトン、アリストテレスの政治哲学、道徳哲学も、急に意味を失い、個人道徳が新学派の中心問題とならねばならなかった。タレスからアリストテレスに至るまでの思想は、その他の文化と同じく、ギリシア市民国家を地盤として、その上に開花したものなのである。しかしギリシア市民国家は、アレクサンドロス王を生んだマケドニアの武力によって、その独立を奪われてしまったのである。それはまた同時に、純粋なギリシア文化の終焉を意味するものであったと言わなければならない。

アレクサンドロスによって始められた東征は、インドまでの東方世界と地中海世界とを連絡させ、各種異文化の交流を結果し、この開放された広域にわたって、一大帝国が強力な武力支配によって、新しく形成されることになったのである。この大帝国は、政治史的には、ペルシア帝国に至るまでの東方的専制政治を引きついだような面をもっていて、その点では別に新しいものもないように見えるけれども、しかしギリシア人やローマ人などにとっては、市民国家の自然の発展を越えた、全く異常なものでなければならなかった。無論、このような大帝国は一日にして成るものではなく、長年月の後、ローマ人の手によって、地中海世界が一大帝国に統一されることになるのである。

この統一において、ギリシア文化は、ローマ時代においても、主導的な地位を占め、世界はアレクサンドロスの東征以来、全体にわたってギリシア化されて来たのである。けれどもこの世界共通のギリシア文化は、決して純粋なギリシア文化ではない。世界共通語（コイネー）としてのギリシア語と同じように、多くの非ギリシア人に用いられて、ギリシア的な特色を失うと共に、異邦的な要素を加えて、別の平均をつくり出しているものとも考えられるであろう。

アリストテレス以後、ストア派の始祖ゼノンをはじめとして、ギリシア人としての純粋性を疑われるような思想家が、だんだん多く現われるようになって来る。従ってわたしたちは、一応ギリシア思想なるものを、タレスとアリストテレスの間に限らなければならない。しかしアリストテレス以後の思想史といえども、ギリシア思想と全く別のものではなく、世界のギリシア化が中心的事実として考えられる限り、わたしたちは依然としてそこにギリシア思想が存続し、それが新しい条件の下に、いかに変容されて行くかを、興味をもって見守ることができるであろう。そしてそのような存続と変容とは、恐らく現代にまで辿って来ることができるであろう。

ただわたしたちの当面の仕事は、主として純粋にギリシア的な思想の発展を取り出し、それに直接につながる時代の、変容されたギリシア思想については、若干の注意をつけ加えることに止めなければならないであろう。

三

さて、タレスにはじまるギリシア人の思想は、まず自然についてなのである。社会的習慣には、まだ不思議を感じるに至らぬ人々も、自然の現象には驚異しなければならなかったからだとも説明されている。驚異が哲学のはじめをなし、不思議のないところに、思想の発達を期待することはできないからである。タレスは万物の始源を水であると考えた。しかし万物の始源について考えることは、何もタレスから始まるとは言えないようにも考えられる。あらゆる土地で、あらゆる民族が、既にそのようなことを考えていたと言われるであろう。

ギリシアにおいても、既にヘシオドスという詩人が、タレスより少なくとも二百年くらい前に、『神統記（テオゴニア）』と呼ばれる詩篇によって、混沌（カオス）から始めて、大地（ガイア）、奈落（タルタロス）、愛慾（エロス）などの生成を語り、天地万物の由来を明らかにしているのである。しかもこのような思考において、すべてをヘシオドスが新しく考え出したとは思われず、幾多の古い言い伝えが、その材料になっていたとしなければならないであろう。のみならず、万物の始源についての、このような思考は、ヘシオドス以後においても、各種各様に試みられ、タレスと同時代人のうちにも、水や靄（もや）を万物のはじめにおく者が、ほかにもいたことが記録されている。*

＊ 詳しくは、拙著『ギリシア人の智慧』（『田中美知太郎全集』第七巻、筑摩書房、一九六九年所収）のうちの「ミュートス」参照。

恐らくわたしたちは、東洋諸国の古い言い伝えのうちに、幾多類似の思考を発見することもできるであろう。しかしそれならば、ギリシア思想の特性はどこにあるのか。わたしたちがギリシア思想史を、ヘシオドスから始めずに、タレスから始めるのは、そこに何か区別すべき点を認めるからなのである。

無論、タレスその人の思想について、わたしたちは詳細を知ることはできない。彼だけを切り離して考えるなら、わたしたちはヘシオドスとタレスを区別するのに苦しまねばならなかったであろう。しかしながら、タレスはただ一人だけ離れてあるのではなくて、彼には仲間があり、弟子があって、万物の始源について考えることを、何か共同の仕事としてもっているのである。そしてこの共同の仕事を通して、その仲間と共に考えられる時、タレスは類似の考えをのべた他の人々から区別されて、ひとつの新しい意味をもって来るのである。タレスの仕事は同じミレトス市に住む仲間のアナクシマンドロス（前五七〇年頃）やアナクシメネス（前五四六年頃）というような人たちによって引きつがれ、その流派に属する考えが、その後も永く存続した模様なのであるが、そのアナクシマンドロスは、万物の「始源」(archē）について、「ものの生成がそこから来ているところの、そのもとのところへ、またものの崩壊がなされる」ということを、必然の定めとして語ったと言われている。

すなわち水を万物の始源とする場合、それはタレスたちの考えでは、「はじめに水ありき」という、遠い昔の話をしているのではなく、現にあるすべてのものが水から生成して来たのであって、やがてまた水へと分解され、還元されなければならぬことを主張しているのである。従ってものは、そのような生成と崩壊との間に、現在あるわけだから、ひとは何とも確かめようもない昔の物語と違って、現にものは何から成っており、ものは分解すれば何になるかを、めいめい自分で考えてみることができる。タレスはそのような各人の思考に訴えて、果して万物が水から成っているかどうかを、万人の討議にゆだねたわけである。

従って弟子のアナクシマンドロスも、タレスの主張を権威として受けつぐよりも、むしろタレスの答えようとした問題そのものを引き受けて、果して万物は水より生じ、水にかえると言えるかどうかを考えたのである。天地万物を生ずるためには、もとの水を無限と考えなければならないが、水は冷たくて湿ったものだから、それが無限にあるとすると、それと正反対の性質の、熱いものや乾いたものの生成も、存在もむずかしくなりはしないか。むしろ万物の始源となる無限なものは、冷熱乾湿のいずれにも、一方的に限られることなく、かえってそこからこれらの反対物が分れて出て来るような、何か中間的なものと考えなければならないのではないか。しかし、ただ何か中間的なものでは、わたしたちは万物の生成をはっきりと考えることはできない。

アナクシマンドロスは、この何か中間的な不定者をはっきりさせることができず、これを弟子のアナクシメネスにあずけなければならなかったけれども、アナクシメネスはこれを解いて、霧や靄のごとき気体(アエール)を取り、これが稀薄になれば乾いた青天が現われ、熱い日が照るのを見、これが濃厚になれば、雨のしずくとなるから、これこそ求められた中間者でなければならぬとした。

無論、これは古人の証言にもとづく、わたしたちの大方の推測であって、細部にわたっては、他の想像も成り立ち得るわけであるが、しかし何かこの種の思想発展が辿られ得るところにのみ、思想史や哲学史は可能となるのであって、今日に至るまでの思想発展の歴史を昔に溯る時、わたしたちはタレスの仲間にまで到達するのであるが、それ以上もしくはそれ以外には、もはや行くことができないのである。

かくて、アリストテレスが『形而上学』（第一巻第三章）において、一種の哲学史的叙述を試みるに当って、それをタレスから始めたということは、決して偶然ではなかったと言わなければならない。またアナクシマンドロスについては、「自然の根本物質に関するロゴスを書き綴って、世に公にすることをあえてした最初の人」[*]だということが言われているが、思想はこれによってはじめて、思想そのものとして示されたことになるわけで、もはや他の生活活動や芸術作品の部分的な内容として、おぼろげに推量されるのではないことを意味するものと見られるであろう。

* Themistius, *Orationes* (ed. Dindorf), 36, p. 317.

四

かくて、ギリシア人の自然についての思想は、天地の万物がいかにして成りたち、いかにして崩壊するかという、いわゆる生成（ゲネシス、generatio）と崩壊・消滅（プトラー、

corruptio）の問題を中心にして、まず展開されて行ったということができるであろう。* そしてこの生成と崩壊の始めと終りに考えられたのが、水とか霧とかいう、自然に与えられている物質であった。すなわちタレス以下の人たちは、自然のうちに与えられている、日常経験される物質の一つを取って、これを基礎において、その他の一切の生成と崩壊を、これから成り、これに帰するというかたちで、一元的に理解しようとしたわけである。

＊ これらの初期ギリシア哲学者の書物の題名として、一般に『自然について（*Peri physeōs*）』（*De rerum natura*）というのが伝えられている。果してはじめからそのような題名であったかどうか、問題になる場合もないではないが、そのような「自然についての研究」の意味は、主として生成と消滅に関して考えられるようになるらしいことが、プラトンの『パイドン』（九五E―九六B）などによって察知される。

そしてアナクシメネスは、この理解を容易にするため、稀化濃化という考えをつけ加えた。これによれば、いわゆる火風水土の四元は、風すなわち空気が、濃化されて雲を呼び、雨を降らせて、水となり、水が更に濃化されれば、固体と化し、土や石にもなるが、この土を稀化すれば、液体となり、気体となって、ついには火になるとも考えられるわけで、天地の万物は、いずれも濃化稀化によって、ひとつの根本物質から変化したものと、簡単に考えることができるようになるわけである。

イオニア哲学の本流は、アナクシメネスのこの思想において、既にその極点に達したと言うことができるであろう。出発点を水に求めるか、風におくかというようなことは、これに比べると、それほどの重要性をもたないことになる。従って、ヘラクレイトス（前五〇〇年頃）が、その後から出て、万物の始源を火であると主張したとしても、それは別に新しい考えとも思われないであろう。土を出発点にする考えもあっていいわけで、ひとはそのような主張を、クセノパネス（前五四〇年頃）に押しつけようとするかも知れない。*

* H. Diels u. W. Kranz, *Die Fragmente der Vorsokratiker*, 21A36, B27-29.

しかし、これは少し疑問であって、同じイオニア地方の（コロポンの）出身者であるとはいえ、早くから国を追われて、西方のシケリア（シシリイ）島やイタリアに放浪しなければならなかった詩人哲学者、クセノパネスについては、これをイオニア哲学の系統よりも、もっと違った仕事に関係して語るのが妥当であろう。これに対してヘラクレイトスについては、イオニア哲学の徹底化を認めることができる。すなわち火風水土が互いに変化し合うものだとすると、ものは火風水土のどれにも固定せしめられず、むしろどれにも変化し得るものとして理解されねばならぬから、そのような流動性をものの本質と見るような考えが、そこから出て来るようにもなるであろう。これが通俗にヘラクレイトスの名前と結びつけられている、いわゆる「万物流転」の思想であるとも解される。しかし、ヘラクレイトスの哲学において、わたしたちが注目しなければならないのは、そのような相互変化についての、ヘラクレイトス独特の考えである。

ヘラクレイトスは、火が空気になり、空気が水となり、水が土になるという、この生成変化において、単なる生成だけでなく、同時にまた消滅をも見ようとする。すなわち水が土になるというのは、水が水でなくなって、別に土となることなのであるから、「水にとって、土となることは死である」(Fr. 36) とも言われる。従って、生成はまた消滅なのである。これを万物の相互変化といっしょに考えると、万物一体、矛盾の即一というようなことにもなるわけである。そして恐らくこれが、ヘラクレイトス哲学の真骨頂なのではないかと考えられる。しかしその基礎にあるものは、アナクシメネスを正統とする、かのイオニア哲学なのだと言わなければならない。

五

しかしながら、水とか火とかいうものを取って、他の万物はみなそれの変化したものであると考える場合、生成変化は自明のこととして予定されているけれども、それをヘラクレイトスのように、生死の矛盾関係として言い直して見ると、いろいろな問題が生じて来る。水が土になるということは、水としては死んで、土として生まれるということなのである。すなわち、今まであった水が、なくなってしまって、今までなかった土が、その代りに生じるということである。しかしそう簡単に、消滅や生成を許すことができるかどうか。あるものがなくなるとか、ないものがあるようになるとかいうことは、果して許されることなのかどうか。こういう疑問が生じて来る。

あたかもこの時、イオニア地方から、さきに名を挙げたクセノパネスその他の人々を迎えて、新しい思想を発足させるための、いろいろな刺戟を受けた、西方のイタリアにパルメニデス（前五〇一年頃、あるいはむしろ前四七五年頃とも言う）という人が現われて、「あるものはある、ないものはない」という原理を掲げて、すべてをこの原理に従って、厳格に考えることを要求し、ないものをあると考えたり、あるものをないと考えたりするような、一切の迷妄を斥けたのであった。

そしてイオニア地方の出であるメリッソス（前四四一年頃）は、このパルメニデスの門に学び、イオニア哲学の重要概念である、濃化稀化ということを否定するに至った。なぜならものが稀化され、濃化されるのは、ものが空を多く含んだり、少ししか含まなかったりすることによって区別されると考えなければならないが、空は無であり、非有であるから、存在し得ないわけである。しかし、もし空がないとすれば、万有は同一の充一体となり、稀化濃化の余地は少しもないことになるからである。

かくて、パルメニデスの生地エレア市の名にちなんでエレア派と呼ばれる、この人々の出現は、タレスの生地ミレトス市を中心とする、イオニア派の人々の天地万有の生成消滅に関する考えを、極めて困難な立場に追いやる結果となったのである。それは自然哲学の危機と呼ばれてよいであろう。もはや人々は、水や火のごとき物質を取って、万物をそれの変化であるというように、単純に考えることは許されなくなったのである。そこでエンペドクレス（前四四五年頃）や、アナクサゴラス（前五〇〇年頃から四二八年頃）というような人が、それぞれ西のシケリアと東のイオニアに起って、新しい自然哲学を建設することになった。

エンペドクレスは生成消滅の考えを棄て、火風水土は相互に変化し合うことのない、独立の物質であることを主張した。この時に、今日のいわゆる空気に当るものが、実際的にも、ひとつの独立した存在であることが認められるようになったのである。そしてこの四元から万物を説明するためには、新しく混合と分離の考えが、生成と消滅に代って、採用されるようになった。またこのような混合と分離をひき起すものとして、別に親和と闘争というようなものを考え、世界は周期的に、完全に親和力の支配を受けて、四元が全く混和される場合と、闘争によって四元が完全に分離されて、太陽と大空と大海と大地だけになってしまう場合と、その中間の二通りの過渡期とを区別したと言われている。しかし果して、四元だけの混合で、万物を説明することができるであろうか。

アナクサゴラスは、一切の生成を否定することによって、何ものも他から生成したものはなく、万物ははじめからすべてそのまま存在したのだと考えた。そしてその万物は、はじめから絶対の混合状態にあり、今においても、すべてのものには他のすべてのものが含まれていて、純粋な水とか空気だけを取り出すことは、絶対に不可能だと考えた。しかしそれだけでは、万物は混沌として、天地万象の差別はどこにも見られないことになるから、この混合を、できるだけ解き分けて、天地の秩序をつくるために、エンペドクレスの闘争ではなくて、知性（ヌゥス）を別に考えねばならなかった。これのみが万物のうちにあって、他の何ものとも混合したりすることのない、一個の純粋体で、人間もこれを分有していると考えられている。

しかしこの知性の仕事は、何よりも混沌たる万物に一種の旋回運動を起させ、それによって各種のものが分明になるようにすることであったと考えられる。けだし知性といっても、ひとつの生命力として、身体諸器官を動かすはたらきが、主に考えられるからであろう。後人がこの知性という原理に期待したようなものは、アナクサゴラス自身の考えのうちには、あまり多くは見出されず、その点はプラトンやアリストテレスの失望*からも察せられるところである。

* Plato, *Phaedo*, 97C sqq.; Aristoteles, *Metaphysica*, A 4, 985a18-21.
ただしアナクサゴラスも、知性の知性的な面を忘れているわけではない。例えば「ヌゥスは万有について、あらゆる知識をもっている」（Fr. 12）とか「万物の混合と分離と分解とをヌゥスは知る。そして今はなくとも、どんなものが将来においてあるか、また以前にあったかということや、どれだけのものが今あり、どんなものがあるだろうかということについて、ヌゥスがすべてを秩序づける」（*ibid.*）とかいう意味のことが言われているからである。

六

さて、この二人の哲学者のうちアナクサゴラスは、かのペリクレスの客となって、ペルシア戦争後のアテナイに三十年も滞在し、純学究的な人物として、実際的活動的なアテナイ人にいろいろ珍しい印象を与えると共に、その青年層には、なお知識的な刺戟をも与えたであろうと信じられる。ソクラテスの青年時代は、ちょうどそれだったのである。そのほかペリクレスの逸話とか、エウリピデスその他の劇作家の作品などにも、その影響を指摘することができるかも知れない。*

* プラトンの『パイドン』(九七B以下)、プルタルコス『ペリクレス伝』第四、八、一六節など。エウリピデスについては、いろいろ議論があるけれども、彼をアナクサゴラス学徒のように取り扱う行き過ぎは許されないにしても、断章九一〇、『アルケスティス』九〇三—九一一行の言葉に、アナクサゴラスその人の姿を認め、『オレステス』九八二—九八四行、断章五九三、八三九、一〇二三その他に、アナクサゴラス説への関係を想像するのは、必ずしも牽強附会とは言われないであろう。

しかしながら、自然哲学としては、アナクサゴラスの学説には発展性がなく、無限の多様が始めから今に至るまで、そのまま存在しているのでは、ひとは自然の統一的理解を断念し、タレスの問題を放棄しなければならないであろう。この点、エンペドクレスの四元説の方が、なお自然の理解に役立ち得るようなものを、余分にもっているとも考えられるであろう。事実、後のプラトンもアリストテレスも、自然理解の出発点を、火風水土の四元に求めるようなことをしているのである。

もっとも大体において火風水土の四元を認めることは、既にイオニア派の考え方にも暗に予想されたところであって、ヘラクレイトスも既にこの四元を知っていた（Fr. 76）とも考えられる。エンペドクレスの仕事は、この四元の相互変化を否定し、これをその意味での元素としたことに特色があるので、空気をひとつの物質として独立させたことも、その功績のうちに数えられるかも知れない。

後のアリストテレスも、自然界において現実に見出される単純物質としては、この四元を考えたのであるが、しかし、エンペドクレスの場合とは異なり、これらの四者は相互に変化し合うことも認めているのである。すなわち、アリストテレスの考えに従えば、火は暖かく乾いたものであり、空気は暖かく湿ったものである。水は冷たく湿り、土は冷たく乾いている。いま火と空気を取ってみると、暖かいことは両者に共通で、乾湿が相反している。ところが、変化は何か共通の基盤の上で、相反するものの間に行なわれると見ることができるであろう。[*] それに火と空気、空気と水、水と土の間には、それぞれこのような反対性質と共通性質が認められる。従って、互いに隣り合う四者の間に、一種の交流が起ることは自然であると見なければならぬ。しかも四元には、それぞれ自然に落ち着く場所があって、火となれば、宇宙の外周に向かって運動し、土となれば、宇宙の中心に集まる傾向をもち、空気と水がその中間の地位を占め、四元は上下に直線的な運動をすることになる。

＊　無論、このような変化の基礎となるのは、共通の性質そのものではなく、そのような共通性質と不可離に結びついている、何か第一素材的なものである。Aristoteles, *De generatione et corruptione*, B 1, 329a29-35 参照。

しかし宇宙の外周は、実は四元以外の第五元素から成り、それは乾湿冷暖のごとき反対性質をもたぬから、互いに変化し合うこともなく、その運動も終始なき円運動であって、他の四元の上から下、下から上の運動とは全く異なる。これはアリストテレスの有名な第五元素説であるが、第五元素という考えが、アリストテレスの発明であるかどうかは、なお問題になっている。プラトンの作とも言われる『エピノミス』（九八一B）にも、この第五元素のことが語られているからである。しかし、それはいずれにしても、四元の考えがアリストテレス時代に、第五元素を考えるためにも、一般に問題なく受けいれられていたということは、一個の興味ある事実と見られるであろう。

しかしプラトンは、これらの四元を簡単に、万物の元素（elementa すなわち字母）と認めることには反対で、むしろこれらは音節（syllaba）にも当らないようなものであるとして、『ティマイオス』（五三C以下）では、これら四元の物体としての形を、火は四面体、空気は八面体、水は二十面体、土は六面体と定め、前三者は正三角形の面をもち、土は正方形の面から成ると見、その正三角形は三辺が1 $\sqrt{3}$ 2の割合になる直角三角形――これは等辺三角形を両分して得られる三角形――を六つ合わせて作られたもの、他の正方形は二等辺直角三角形――三辺は1 1 $\sqrt{2}$の割合になる三角形――を四つ合わせて得られるとしている。つまり四元は、二種の三角形――すなわち、三辺が1 $\sqrt{3}$ 2になる三角形と1 1 $\sqrt{2}$になる三角形――のどれかから構成されるわけで、もはや決して単純なものとは認められないことになる。そしていわゆる四元のうち、火風水は同種の三角形から構成されているから、いくつかの四面体が解体されて、そこからいくらか少ない数の八面体が再構成されたり、また二十面体のいくつかが解体して、比較的多くの八面体になることができるけれども、別の三角形から成る土と、他の三元との間には、このような転換ができないわけである。

　この点はプラトンが、アリストテレスとも、またエンペドクレスとも異なるところである。のみならず、プラトンにあっては、基礎三角形もまた真に究極的なものではなく、立体としての物が面から構成されたように、この三角形という面も、更に線や点から構成されると考えなければならないであろう。プラトンはその点について、明言はしていないが、何かそのような方向が暗示されているようにも考えられている。しかしそれにもかかわらず、これらの分析が四元を出発点として行なわれ、立方体としては、なお十二面体が考えられ、プラトンはそれを忘れてはいない（五五C）ようであるが、しかしそれに応じて、他の物質を考えることはしていないのである。その点、プラトンにおいても、四元の考えがやはり支配的であったと言うこともできるであろう。

なおプラトンのこの考えでは、物体は立体としてのみ理解され、これが面や線や点から構成されるのであるから、自然学は数学になってしまうわけである。これはプラトンのピュタゴラス派的傾向と認められるもので、プラトンはピュタゴラス派の人々と共に、万物は数から成り、数的関係として把握されねばならぬと信じたかどうか、いったいピュタゴラス派とは何であるかというようなことが、いろいろ問題になるわけであるが、ここでは立ち入らぬことにする。ただこのように、四元が三角形から構成され、天地の万物が幾何学的に処理されることになると、それらはすべて空間の変容に過ぎないことになるであろう。すなわち、空間が事物の素材であるというふうにも考えられる。しかしこれもプラトンの場合には、素材とか空間とかいうような概念を、簡単に外から持ちこんで、それで考えようとすると、いろいろな誤解が生じて来る。

プラトンにあっては、ものがそこから生じ、またそこへ解消されるような、イオニア哲学に言う万物の始源や、アリストテレスの言う素材・質料というものは、本来において重要な意味をもち得ないのである。むしろ数や形で限定されるための、何か蠟面のごときもの、純粋に受動的なものが想像され、印形がそこに受け取られ、影像がその中に写される容器、あるいは鏡のごときものが、ひとつの場所として考えられ、またそのように呼ばれているのである。それはいろいろなものを、不揃いのまま受け取って、そのために全体が動揺し、それがまた受け取られたものを動かし、全体が無秩序に、また分れ分れになっていて、そこに四元の痕跡のごときものも認められるわけであるが、これは既に限定あるいは形成が、受容と共に始められているからであるとも解されるであろう。かくのごときプラトンのいわゆる場所（コーラー）は、母の胎内のごとき場所であり、またそのような意味の生成の場所なのである。* プラトンの『ティマイオス』の第二部とも呼ばるべき部分（四七E以下）は、その始めにおいて、これらの興味ある問題について、いろいろな考えを暗示しているが、しかしこれら『ティマイオス』の記事が、プラトンの全体の思想にとって、どんな意味をもつものなのか、解釈上いろいろ問題があることを忘れてはならないであろう。

＊　詳しくは拙著『プラトンII——哲学(1)』岩波書店、一九八一年、第III部B、第三章参照。

七

しかしいずれにしても、自然学をプラトンの正面の仕事とすることはできないであろう。彼の博大深遠な精神は、自然について考える場合にも、いろいろ暗示に富んだ、みのり多い思想を展開しなければならなかったけれども、彼自身はソクラテスの弟子として、むしろ人間精神により多くの関心を寄せ、神にも通じる、その立法的知性の仕事について、最も多くの興味をもち、最も多く論じているということができるであろう。哲学は自然については、もっと別な人々を期待しなければならなかった。それがレウキッポス、デモクリトスなどの、いわゆるアトム論者であった。

その年代は、前者が前四三〇年頃、後者は前四二〇年頃であるが、デモクリトスは九十歳から百九歳ぐらいまで長生きしたと言われるので、彼の晩年は前三七〇年から三五〇年ぐらいまでの間に達するかも知れないが、それはプラトン（前四二七年から三四七年）やアリストテレス（前三八四年から三二二年）の年代にも重なり得るわけである。デモクリトスの名は最初はアテナイに知られなかったようであるが、プラトンの晩年において、だんだんに注目されるようになり、アリストテレスによって、いろいろに論評されるようになった。

このアトム論者たちは、かのタレス以来の宿題たる自然の一元的理解という仕事を、一応なしとげた者とも見られるのであって、かの四元の考え方は、プラトンやアリストテレスを通じて、一般に認められるようになったとも解されるけれども、それは自然の一元的把握からは、なお遠く離れているので、ギリシア思想は、このアトム論者たちにおいて、別の新しい展開を示さなければならなかった。

アトム論の考えは、どのようなものであったか。わたしたちはそれを理解するために、いわゆる自然哲学の危機というものを、もう一度考え直してみなければならない。イオニア派の哲学は、水とか空気（アエール）とかいうような、ひとつの根本物質となるものを取って、これの変化から万物の生成を理解しようとしたのであるが、このような説明のために考えられた根本物質の濃化稀化ということは、空の存在を予想するけれども、空はすなわち無であって、無は存在しないことが、エレア派の人々によって主張された。のみならず、この空の非存在の故に、運動も多者も否定されなければならなかった。存在するのは実のみであり、この実を他の実から区別すべき空は存在しないから、万物は連続一体をなす充実体とならねばならないからである。

しかし、わたしたちの経験するところでは、万物は多数に分れて存在し、つねに運動しているように思われる。タレスが日常経験される水を取って来て、これを他の神話的な始源の代りに、万物生成の基礎において以来、自然を自然によって理解し、経験的事実を尊重することが、多くの人々の間にあって、大切な思想上の約束となりつつあったことを、わたしたちは忘れてはならないであろう。

アトム論の創始者と考えられるレウキッポスは、むかしタレスを生んだミレトスの出身者であると言われている。彼はエレア派の人々――ゼノン（前四五〇年頃）、メリッソス（前四四一年頃）――のように、生成や多者や運動を簡単には否定し得なかった。しかし、また昔のミレトスの哲学者のように、万物の生成変化を単純に考えることもできなかった。彼は新時代の人として、エレア派の論理にもよく通じていたからである。かくて、一方的なミレトス派でもなければ、エレア派でもなかったレウキッポスにおいて、経験と論理の矛盾は絶対的なものになったと考えなければならない。アトム論はこのような矛盾を前提とし、これの解決として成立したものと考えられるからである。では、その解決とはどのようなものであったろうか。

エレア派は、パルメニデスの「あるものはある、ないものはない」という根本命題を、絶対確実の出発点として、そこから真実在を連続一体の、不生不滅、不動不変、充実均等のものでなければならないとして論ずると共に、多や動を不可能として否定しなければならなかった。しかし、これらの否定論はエレア派の人々においては、別個の前提をもつ、独立の論証群なのであった。さきの濃化稀化――すなわち、物質の濃淡不均等――の否定論証にも見られたように、そこでは虚空が虚無の意味に解され、それが「ないものはない」の原則に従って否定されている。ところが、そこに問題があるのであって、アトム論者はこの前提を覆して、空もまた存在することを主張し、それによって動と多を可能にしようとしたのである。実を存在と等置し、空を非存在とすることは、存在の意味を「物であること」に限っているわけであるが、存在概念を拡張して、存在は必ずしも物であることを意味せず、物の何もない空にも存在性を認めるならば、動や多についての、すべての論理上の困難は消失してしまうのである。

けれども物が何もないのに、これをひとつの存在と認めることは、なかなか困難なことで、非物体的な存在概念の確立は、レウキッポスの独創的な事業であって、それは思い切った思想的冒険であったと言わなければならないであろう。しかし、根本命題の、このちょっとした修正によって、エレア派の人々の考えた世界とは、全く異なる世界の展望がひらかれることになったのである。すなわち連続一体の充実たる全世界は、空の存在が許されると、これによっていくらでも多く分割され得ることになるから、そこに多者の存在が可能になって来る。空は、いわゆる空間として、運動の場所となるよりも、まず多なる存在の一を他からへだてる間隙として考えられなければならなかったからである。

しかしながら、このような分割の可能は、もし、それが無限分割の可能を意味するのだとすれば、また別の困難に当面しなければならないであろう。エレア派のゼノンが論証しているように（Fr. 1）、ものが無限に分割され得るとするか、あるいはどこまでも大きさのあるものと考えなければならない。しかし大きさがないとすると、ないものを無限に集めても、ひとは何らの大きさも得ることができず、いかなる大きさもないものばかりになってしまう。また無限に分割されたものが、なお大きさをもっているとすれば、それを無限に合わせたもとのものは、無限大にならなければならない。すなわち無限分割を許すと、もとのものは何の大きさもない、無に等しきものとなるか、あるいは無限大のものにならなければならないというのである。このようなパラドクスが生じないために、ここでもレウキッポスの天才は、空の存在を認めた場合と同じような、前提の逆を考えて、だから、ものは無限には分割され得ぬとしたのである。

すなわち、ものは分割され得るけれども、無限にではなく、どこかでもはやそれ以上は分割され得ぬがごときものに到達しなければならぬ。これがすなわち、アトモン（不可分子）、アディアイレトン（不可分割子）なのである。そしてこのアトムが不可分であるということは、内部にもはや空を含まぬ充実体として、それ自体がおのおのパルメニデスの考えたような、不生不滅で不変均等の実在であることを意味する。

アトムは多元化されたエレア的実有なのである。ただそのアトムは、静止を性とせずに、性来運動するものと規定されている点が、エレア的存在と区別されるところであろう。そしてこのようなアトムは無数に多く存在して、これが無限の空間を、あらゆる方向に運動していることから、その間に衝突が起り、アトムの比較的多く密集しているところでは、それが集団的な渦巻運動に発展し、小アトムは外周に飛ばされ、中心に大アトムが集まり、その結果、天地が形づくられ、世界が成るのであるが、それは全く偶然に、ひとりでにつくられるのだと考えられる。アトムはいずれも同質であるが、大きさと形を異にし、それらが集まる場合には、配列と向きによって区別されることになる。

例えばAとNは形の相違であり、ANとNAは配列の相違であり、HとIは向きの違いであると見られるが、アトムにもそのような相違があり、これによって、アトムはいずれも均質のエレア的実有であるが、これが集まると、いろいろな差別が現われて、現象の多様ともなるわけなのである。しかしまた現象の多様に見られる色や味のごときものは、更に主観的なものとして、人間だけの約束（ノモス）において存在するものとも考えられねばならなかった。すなわちアトム論は、以上によって、天地の自然を、単純なアトムの想定にもとづいて、一元的に理解することに一応成功したわけである。その基本の考えは、恐らくレウキッポスの創見であって、デモクリトスはこれを、その細部にわたって整備し、かつその博大の見識に従って、全体を体系化し、特に認識論的な方面を開拓したと言うことができるであろう。

八

かくて、タレスからデモクリトスまで、ギリシア思想は、生成と消滅の問題を中心に、天地の万物が何から、どのようにして生じ、またどこへなくなり、何に帰するかを、日常の経験に照して、ある程度まで徹底的に考えることを試みたのであるが、問題はなお生成だけに限られるものではなかった。宇宙の万物が何から、どのようにつくられたかという問題と並んで、現に世界がどのような有様にあるかという、存在秩序の問題もまた注意されねばならなかった。それは主として、世界の構造がどのようになっているかの、天文学的考察となって発展した。

かのタレスも、むしろ日蝕予言で有名となり、溝に落ちて下女にひやかされる話でも、彼は天文学者の代表人物のごとくに取り扱われている。[*]彼は大地を水上に木片のごとく浮んでいると考えたが、これも水を万物の始源とする説と同じように、なおホメロスその他の詩人たちの考えから、それほど多く異なるものではなかった。

＊　日蝕予言については、ヘロドトス（『歴史』第一巻第七四節）の記事があり、既にクセノパネス（前五四〇年頃）も、このことを注意していたらしいことが知られている。ディオゲネス・ラエルティオス、第一巻第二三節参照。下女にひやかされたという逸話については、プラトンの『テアイテトス』一七四A参

照。

しかし既にアナクシマンドロスにおいて、宇宙は無限の根本物質から、その一部が分れ出て、これが冷熱相反するものに分れ、熱焔が大地の周囲にある空気の上に、ちょうど樹皮のごとく、一面に被いかぶさってしまう。そうすると、内部の空気が暖められたためか、この外部の火の皮が裂け、これがいくつかの車輪のごとくに分れ、空気に包まれて、その孔から火気をのぞかせているが、これがすなわち日月星辰で、孔口が塞がれると蝕になるというような、一種大胆な考えが現われている。大地はもはや水の上に浮んでいるのではなく、他のいかなる物質にも支えられずに、それの地位によって、他のすべてのものから等距離にあるから、一種の平衡によって、中空に浮んでいるというようにも考えられている。

無論、このような大胆な考えは、そのまま無条件に受けつがれることなく、アナクシメネスによっても、大幅な修正が加えられ、これがまたアナクサゴラスによって発展せしめられ、さきに触れられたアトム論者たちの、宇宙生成の考え方の基調ともなっている。しかし天体論は、必ずしもアトム論と同調するものではなく、天文学説はアトム論者の長所とはならなかったことを知らねばならぬ。それにはまた別の学派が存在したのである。それはピュタゴラス派である。

ピュタゴラス派はもと宗教結社として出発したのであるが、その教祖とも言うべきピュタゴラスは、同時にまた数学者であったので、このような学問研究に対しても、一種の宗教的な意味が認められることになり、それが後の時代（前四五〇年以後、大体において前三〇〇年代）において、学派としてのピュタゴラス派を特色づけることにもなった模様である。彼らは万物の生成を辿るよりも、むしろ全体の存在をプラトンの『ティマイオス』にもちょっと見られたように、立体から面、面から線、線から点へと分析して、世界の万物をこのような、数学的構成において考えることに、より多くの興味をもっていたと言うことができるであろう。ピュタゴラスその人に帰せられる、音律のもつ数的関係の発見以来、ピュタゴラス派の人々は、存在のすべてにこのような数的関係、あるいは数的秩序を発見することを期待した。それは万物が互いに比例をなし、数と数の関係において把握され得ることを意味し、また万物が数から構成され、数を本質とするという意味になるであろう。

しかしながら、いわゆる無理数の発見に至るがごとき、多くの事実が知られるに従って、人々は万物の数的構成を、そう簡単に考えることはできなくなった。事物が直ちに数なのではなく、ただ純粋の数的構成に似たものをもつというだけだとも考え直された。そして天地万物が直ちに数ではなく、数と異なる他の要素をも含むことが考えられねばならなかった。これは世界が無限なものと、これを限定するものとから、調合されているというような言葉で言われたりする。そして数は、このような調合された世界の秩序原理、あるいは認識可能の原理となる。これに対して無限なるものは、アナクシメネスやアナクサゴラスが、アナクシマンドロスの無限者のために考えたような、暗雲に包まれ、蒙々たる霧にとざされた暗黒として想像されたと言うことができるであろう。

世界がこのような無限と、これを限定するものとの調合であるという考えは、調合（ハルモニアー）という概念を、ピュタゴラス派哲学の重要概念とする結果になっていった。彼らは無限と限定に対応する、他の対立をなお九つ数えたりしているが、これら十組の対立も、このような調合のために考えられたと言うことができるであろう。このような調合説は、なお病理や生命現象の説明にも拡張され、また天体音楽の説ともなったのである。

いわゆる地動説は、ピュタゴラス派の人々によってはじめて唱えられ、宇宙の中心には火があり、これを中心に土木火水金の諸遊星と、日月地球が運動し、更に地球と中央火の間にもう一つの地球（antichthōn）があり、これに恒星天を加えて、十個の天体が考えられているが、このように、もう一つ別の地球を考えたのは、月蝕の説明のためとも言われるが、また十という数を揃えるためであったとも言われている。そして恐らく土木火水金日月の七天体が、その運動によって巨大の音響を発し、これが全体として音律的調和をなすと考えられたらしい。

ピュタゴラス派はこのようにして、世界の存在のうちに数的秩序と調和とを見出し、これを観照することに、人生のよろこびを感じたと言うことができるであろう。[*] 相反するものの調和ということは、既にヘラクレイトスによっても言われたことなのであるが、ヘラクレイトスは矛盾対立するものの間に、かの生成変化を考え、矛盾の即一にこれを徹底させているけれども、ピュタゴラス派には、このような生成変化も即一も考えられず、調和と調合は存在のうちに、相反する二元の間に、ただ見出されるのである。

＊いわゆる観照の生活（vita contemplativa）を最上とする教えは、ピュタゴラスの名に結びついて、言い伝えられている。Diogenes Laertius I. 12; Iamblichus, *De vita Pythagorica*, 58など参照。これについてはいろいろ議論もあるが、ピュタゴラス派哲学に静観的分析の傾向があり、その点はかえってアリストテレスの学風と共通するものがあるように感じられる。

九

かくてピュタゴラス派は、世界がどのように構成されているか、世界の構造と秩序はどのようなものであるかということを、新しく問題にしたところに、その功績が認められなければならないであろう。これに対して、タレスからデモクリトスまでの人々は、世界が何から成り立っているかという、いわゆる素材因を追求したと言われるであろう。そして同じようなアリストテレス哲学の術語を用いるならば、ピュタゴラス派には、いわゆる形相因の発見が帰せられるかも知れない。

しかしながら、厳密な意味の形相概念は、まだピュタゴラス派の考えに適用することはできないのであって、点とか数とか言われるものは、水や火と同じように、個々の物体的存在として、天地の万物を素材的に組み立てているとも解されるのである。アリストテレスの形相概念が得られるまでには、ギリシア思想はなお多くの紆余曲折を経なければならなかった。それの理解にはわたしたちは、これまでのイオニア的伝統を離れて、もっと別の冒険的な試みに注意を移すようにしなければならない。

さきにわたしたちは、イオニア派の自然哲学がエレア派の論理によって、ひとつの危機に追いこまれるのを見たが、ギリシア思想の別な特色は、この論理的ということにあるのであって、彼らはこの論理によって、大胆な思想的冒険を試みることができたのである。しかしながら、いかなる論理も、根本に自由独立の精神がなければ、かえってわたしたちの思想を狭範囲に束縛するための、煩瑣となったであろう。

ギリシア人は既に、かのホメロスの物語において、原始的迷信から解放された、驚くべき思想的自由と合理主義を示しているのであって、それが社会的習慣の批判にも発展し、また自然を自由に理解しようとする、タレス以来の自然学の成立ともなったのである。そしてその同じ精神が、更に先へと思想的冒険を試みさせることにもなるのである。

わたしたちはエレア派の始祖として、パルメニデスの名を記憶しているが、このエレア市の建設を祝って二千行の詩をつくったと伝えられる、イオニアからの亡命者とも言うべきクセノパネス（前五四〇年頃）は、またこのパルメニデスの師であったとも言われている。彼がいかなる意味の師であり得たかについては、いろいろ問題もあるが、ホメロスの宗教を批判することによって、ホメロス自身の自由思想的、合理主義的傾向をいっそう徹底させたものとも見られるような、この人の批判的精神は、まさにエレア派の大胆な論理的思考を準備したと言うこともできるであろう。

彼は擬人的な神の考え方を根本的に否定し、「全体として見、全体として知り、全体として聞く」（Fr. 24）ところの、「姿も心も死すべき者どもに似ることなき唯一神」（Fr. 23）の方向を、力強く指示していたのである。しかしこのような神は、当時の一般の人々にはよく分らない、一種の超越者であったと言わなければならない。人々は地方的、家族的な墓場を中心に、いまは亡き人のみたまを祭り、それに関係する昔からの言い伝えを信じていたのである。クセノパネスは、このような狭小の宗教意識の枠を破り越えて、詩人たちの考えたオリュンポスの神々さえも遠く下に見るがごとき、一体の神を示そうとしたと言うことができるであろう。そしてこの超越性が、またパルメニデスの絶対存在がもつ超越性ともなっている。

パルメニデスは、「あるものはある、ないものはない」という、絶対確実の根本命題から出発して、どこまでも論理を徹底させることにより、不生不滅、不変不動、連続一体をなす、球形の充実体を得て、これこそ真実在であるとなし、これと常人の考える現実との矛盾を思い、後者を死すべき者どもの抱く迷妄となし、前者の真理を女神の啓示として語るという文学形式を自説の叙述に用いたのである。彼の絶対存在は、天地自然の本体として、なお物体的に考えられているけれども、それは常人の見る天地の自然とも異なれば、またイオニア派の人々が、天地万物の始源に見たところの、火風水土とも全く異なるものであって、それは後の言葉でいえば、むしろ自然を越えたもの（metaphysikon）、すなわち、形而上学的なものであったと言うべきであろう。

そして恐らくこの新しい超越性のために、パルメニデスも、既に散文体の論述がアナクシマンドロス以来イオニア派の人々によって用いられて来ているにもかかわらず、これによることができなかったのであろう。韻文によって書かれた論理的思考の書という、彼の哲学詩の矛盾した性格は、彼の思想がイオニア自然学の範囲を越えて、はるかに形而上学的であったところから来ているとも見られる。彼は自己の独創的な思想を言い表わすのに、むしろ宗教的啓示文学の形式を借りなければならなかったのである。

一〇

かくてわたしたちは、ギリシア思想が天地自然のかなたに、超越的なもの、形而上学的なものを、論理によって探り出そうとしているのを見ると言うことができる。このような思想的冒険において、わたしたちは論理を信じなければならないが、パルメニデスも「思考と存在の同一」(Fr. 3) を主張している。すなわち、存在するものは、存在するもの以外にはないのであるから、思考もまた存在を離れることはないわけで、わたしたちが論理の原則に従って考える限り、すべては考えられた通りになければならないのである。

これに反して、この論理に合わぬことは、すなわち有無の区別を忘れた人間どもの迷妄であって、パルメニデスはこれにドクサ（思わく）、オノマ（名目）の名を与えている。そしてこの区別、すなわち真理と人間どもの思わくに過ぎないものとの区別が立てられる限り、ひとはパラドクスを恐れず、どこまでも論理を徹底させることができるのである。ゼノンの有名な運動否定の論証は、このようなエレア派の思想から生まれたと言うべきである。ただゼノンは、パルメニデスやメリッソスのように、真実在がどのようなものでなければならないかを、積極的建設的に論証して行く代りに、運動とか多とかいうものの、反エレア派的な想定に対し、これを否定し、破壊するために論証したところが、大へん違っている。一般には論理のこの否定面が印象的であったらしく、ゼノンの論法は、ゴルギアス（前五〇〇―三九一年、もしくは前四八四―三七五年）のようなソフィストによっても学ばれ、後に他の模倣者を生むようになったと考えられる。*

＊　拙著『ソフィスト』講談社学術文庫、一九七六年のうち「エリスティケー」の章参照。

しかしながら、思想史の上で重要なのは、むしろソクラテス（前四六九―三九九年）の問答法（ディアレクティケー）が、その影響の下に生まれて来たということであろう。若いソクラテスと壮年のゼノンが出会う場面を、プラトンの『パルメニデス』篇は取り扱っているけれども、これは可能な事実であり、少なくとも好学心に富むソクラテスが、この同時代人について何らかの知識をもっており、その著書も読んでいたであろうと想像するのに、特別の困難はないように思われる。ゼノンが多の想定などから、いろいろの困った結論を引き出して、はじめの想定を覆したように、ソクラテスもまた問答相手に、いろいろな主張をさせながら、そのような考えが、どんな困った場合にぶつかるかを示して、もとの主張を引っ込めさせるのが常であった。ただソクラテスは、このような否定そのものを目的としたのではなく、相手のたましいを妄想から解放し、その無智を自覚させて、真理の共同研究へと誘うために、このような論理を用いているので、その実践的目的がゼノンと異なるように考えられる。しかもソクラテスは、自然の存在について問答したのではなく、むしろ人間を卓越させ、幸福にするがごとき、いわゆる徳について問答したのである。そしてこれがまた、思想史的にも重要な意味をもつことなのである。

さきにも触れられたように、パルメニデスの真実在は、自然の本体として、なお物体的な一面をもち、その存在概念は、アトム論の創始者であるレウキッポスの虚空論によって明らかにされたように、物体性の概念と一つであって、形而上学的なものが、自然を越えるという意味において、まだ充分明らかにされていなかったのである。そのためには、論理が自然の存在だけに限られず、道徳や社会の問題にも徹底させられて、自己自身を自由に展開できなければならない。そのような論理によってのみ、ひとは存在をもっと一般的なかたちで見ることができるようになるのである。そしてそのような仕事が、いまやソクラテスによって始められたと言うことができるであろう。

しかしながら、社会や道徳について論理を徹底させるということは、どんな時にも、可能なのではない。人々は天地万物の始源をたずね、自然の不思議について語りながら、社会的習慣については、多くの疑問を持ち得なかったこともあるわけで、思想史が自然哲学をもって始まらなければならなかった事情も、またそのようなところに見出されるであろう。

しかし、ソクラテスの時代においては、戦争と革命が古い社会的習慣を、誰にも目につくような急激な仕方で変化させていたので、人々は道徳についても疑問をもたねばならなくなっていたのである。人々は道徳その他のものを、人間が約束で勝手に定めたもの、すなわちノモスに過ぎないとなし、これを人力で勝手にはなし得ぬもの、すなわちピュシス（自然）に対立させたりした。このような対立は、もとはパルメニデスの哲学から出ているのであって、人間の勝手に定めた名目（オノマ）、無分別な思わく（ドクサ）は、ものの真理から厳しく区別されねばならなかった。そしてこの区別は、デモクリトスのような人にあっても、色や味はノモスの上の存在に過ぎず、真実に存在するのはアトムと虚空のみであるというような主張において、依然重要な意味をもっていたのである。そしていまや美醜正邪の区別は、人間の定めた単なる名目に過ぎないことが、戦争や革命の現実によって暴露されたのであるから、道徳についても、同じ区別がはっきりと考えられねばならなくなったわけである。

しかしながら、人々はここでは、ゼノンのような否定と破壊の論理を知っても、パルメニデスやメリッソスのような、建設の論理を用いることを知らなかった。美醜善悪は、味や色と同じように、単なる人間的迷妄となり、自然には何らそのようなものはないとされ、そのような自然の状態が、かえって唯一最高の正義と考えられたりした。けれどもこのような自然主義は、人間的なるものの一切を否定することになる。これらの論理は依然としてエレア派と同じ偏狭さをもち、真に存在するものとして、物体的な存在しか考えることができないから、人間にとって大切だと思われる一切のものは、当然否定されねばならなくなったのである。

ソフィストの第一人者であったプロタゴラス（前四九四―四二四年頃）は、かの有名な「万物の尺度は人間だ、あるものについては、あるということの、あらぬものについては、あらぬということの」という言葉で、このような人間否定に、真向から抗議したのだとも解されるであろう。プロタゴラスに従えば、あるとかあらぬとかいうことは、パルメニデスの考えているように、それ自体であるものはある、ないものはないという仕方で成立しているのではなく、人間の思わくに従って、あるともないとも、どちらにも決定されるもので、このような人間の決定を除いて、ほかに真理とか、自然とかいうものが、絶対的なかたちで成立するのではないということになる。

つまり一切がノモス的存在となり、そのほかにピュシスを認めることはできないわけであるしかしもしこれが本当だとすると、各人各社会の思わくが、それぞれみな真理であるということになるから、このほかに真理を求めることは必要ないわけで、一切の学問が無意味になってしまうであろう。何をしても正しいというのは、正邪の区別を無にすることであって、正そのものの意味を失わせることになるであろう。つまり、プロタゴラス主義によっても、人間にとって大切なものが、やはり意味を失わなければならないのである。求められているのは、人間の作為を一切否定することでもなければ、またその一切を肯定することでもなく、その間に是非を区別し、善悪を分別することなのである。人々は旧来の道徳を疑いながらも、すなわち自己の正義を主張することにおいて甚だ熱心なのである。つまり、何か本当の正義が求められているわけである。すなわち正義は疑われながら、また信じられているのである。つまり、別に自然の本体が考えられねばならなかったように、世俗の道徳に対しても、別に考えられなければならないところの、本来の道徳なのである。これがつまり、天地自然の万物に対しては、別に自然の本体が冷然とした物体的自然のみを考えたのは、全く論理の偏狭によると言わなければならないであろう。ソクラテスは、このような偏狭の論理に捉えられることなく、世俗の道徳を越えたところに、真の道徳を求め、政変によって左右されることのない、真によき生活を、この道徳の上に築くことを試みたのである。

一一

ソクラテスの思想史上の功績としては、普遍的な定義と帰納的な言論の二つを数えるのが、アリストテレス以来の習慣になっている。しかしながら、この方面におけるソクラテスの功績は、むしろ、ものの本質を、火風水土のような物質のうちに求めないで、ただ言論によってのみ捉えられるようなかたちで考えた点にあるのであって、帰納も定義も、このような本質を捉える手段として、見出されなければならなかったのである。無論、真実在は耳目ばならないというのは、既にパルメニデスの思想であったとも言われる。しかしながら、パルメニデスの思考は、なお大胆な想像力によって動かされていて、その真実在も物体的なものであったと言わなければならない。

しかしソクラテスにあっては、正義や勇気や節制や敬神などについて、それの本質が何であるかが問われていたので、もはや物体的なものは考えられず、ちょうど「何であるか」の定義に対応するがごとき、純粋に論理的な――あるいは言論のうちにのみ把握され得るような――本質が目指されていたことを知らなければならない。しかもソクラテスが、「何であるか」を問わねばならなかった本質というのは、パルメニデスの真実在のように、一切の人間的な思わくを否定して、いわゆる現象とは全く没交渉にあると考えなければならないようなものではなく、むしろ、いわば現象の本質として、現象的ないろいろの実例から、その定義が吟味されなければならないようなものだったのである。

ソクラテスの帰納法と言われるものは、いろいろな場合から例を引いて、定義を吟味したり、例証したりするものだとも考えられるのであるが、とにかくそのような帰納法は、エレア派の実在については考えられないであろう。ソクラテスのは、単なる本質ではなくて、もののの本質なのである。それは多くの実例から、それらのすべてに通ずるものとして、普遍的に定義されなければならないのである。ソクラテスの問答法（ディアレクティケー）は、このような帰納と定義の方法であって、彼は問答を通じて、「何であるか」を問い、ひとつびとつの答を、このような実例に照して吟味したのである。しかしながら、彼の問いは多くの場合、満足には答えられなかった。しかし答えられないということは、問われているものの否定にはならない。ただ本当のことをまだ知らないのだという、わたしたち自身の無智を自覚させるだけなのである。

ソクラテスは知と不知に関して、最も良心的であったと考えられる。そして最も良心的に知が求められる時、わたしたちのいかなる不知も、また決して見逃がされることはない。しかもこのような知不知の厳格な区別は、真に知られるところのものが、確固として存在するのでなければ、全く無意味となるであろう。プロタゴラス主義におけるがごとく、各人の思わくがそのまま真理ならば、賢愚の別は消失し、特に学問知識の対象となるような真理は、どこにもないことになるであろう。しかし人々が、ソクラテスとの問答によって、自己の無智を告白しなければならなくなる時、それは知識と知識の対象となるものの厳存することを認めたことになるのである。

かくて、ソクラテスの問答法には、「何であるか」と問われて、最後には定義のかたちで、はっきりと答えられなければならないところのものが、真の知識の対象として、またものの本質として、その根本に想定されていたのである。しかしながら、これを明確な思想として取り出し、これにもっと一般的な形を与えることは、むしろ恐らく彼の弟子であったプラトンの仕事と見なければならないであろう。ソクラテスの問答は、主として徳の探求に限られ、これを一般的な形に発展させるには、まだ適当でないと考えられるからである。

しかし「何であるか」の定義は、徳についてよりも、数学の対象について、よりいっそう容易に考えられ得るであろう。プラトンの対話篇に出て来るソクラテスは、定義の意味を説明するのに、数学の実例に訴えようとしたりする。いったい定義の考えが、どこから得られたかということは、ここに簡単に決めることのできない問題であるが、数学の対象となるものが、定義のうちにのみ与えられて、感覚によっては、正確に捉えられないことが知られると共に、定義が重要な意味をもち、定義通りにあるものと、定義通りではないものとが、厳格に区別されなければならなくなって来ることは必然である。

そして砂の上に描かれた円と、定義のうちに考えられた円との区別が、また世俗の道徳と本来の道徳との区別と、ひとつに連絡することが気づかれるようになれば、ソクラテスの求めた「何であるか」の本質は、道徳の探求だけに限られず、ひろく一般に感覚や思わくのうちに捉えられるような、雑多に対する単一者としても理解されるようになるであろう。描かれた円は無数に多いけれども、定義のうちに考えられる円は唯一つだからである。ソクラテスの帰納と定義とは、このような多に対する一を求めるものだったのである。そして数学に多大の興味をもつことのできたプラトンが、これを一般化した時、それはいわゆるイデア論となって、思想史上最も影響するところの多い、いろいろに発展の可能性を含んだ、みのりゆたかな一つの思想となったのである。

一二

イデア論とはどのようなものであるか、いろいろ細かい点では、問題が残っているけれども、その大体は既に以上に言われていたことから、容易に理解できるようなものなのである。言うまでもなく、イデア論も孤立した思想ではなく、それの成立は歴史的に準備されていたと言わなければならない。試みにその要点を略記すると、それは次のようになると見てよいであろう。

A　それはパルメニデスの真実在と同じように、他の一切のドクサ（思わく）から区別された、厳密な意味の知によってのみ把握されるものである。パルメニデスにおいても、ものはあるかないかであって、ないものは知りようも、考えようもないから、真に知の対象となるものは、あるもの（有）しかなく、有だけが知られるのであるけれども、世俗の人間は有無を混同して、あるものをないと考えたり、ないものをあると考えたりする。これがドクサであるとされたが、プラトンにおいても、有無と知不知が対応させられ、ドクサはその中間に考えられている。

B　しかし知とは何であるか、ドクサとの区別はどこにあるか。知を厳密に考えることは、既にソクラテスの良心的な要求であった。一応の区別としては、思わくは当ることもあれば、当らぬこともある。すなわち、ドクサには真偽の別があるけれども、知はつねに真でなければならぬということが言われるであろう。しかしいつも当るというだけでは、まだ知としては充分でない。知者は自分の知っている事柄について、問いに答えることができなければならぬというのが、かのソクラテスの要求であった。そして、その故にソクラテスは、果して知っているかどうかを吟味するために、いつも問答をしかけたのである。この条件を厳格にすると、イデアは問答法（ディアレクティケー）によって取り扱われるものとして、その他の学問の対象となっているものからも区別されなければならなくなる。これはパルメニデスの真実在の考え方などに比べるなら、はるかに進んだ考えであると言わなければならない。

C　かくて、数学の対象とイデアとの区別が問題になって来る。数学はさきに見られたように、イデア論が一般的な形で成立するためには、大切な役目を演じていると考えられる。それはまた他の学問を代表して、知識の対象となるものが別になければならぬことを示し、学問の成立を不可能にするような、プロタゴラス主義の帰結を否定するのにも一役を演じなければならなくなっている。

しかし知というものを厳格に解すると、数学といえども真の知とは言われないのである。数学は公理その他の根本命題を簡単に前提して、それについては何の答えもせずに、ただそこから帰結するものだけを取り扱うから、根本において問答法的ではないと言わなければならぬ。のみならず、数学の思考は、描かれた図形を対象とするものではないにしても、なおそのような図形を頼りにしている。それはひろい意味において、知性の活動に属するとはいえ、純粋知性の純粋活動というべきものではなくて、なおドクサとの中間的地位に見出さるべきものである。これに対して、そのような図形を離れ、いかなる命題をも簡単に前提することなく、これを問答によって、更に根本的な命題へと溯り、最究極的なものを求める、最も厳密な学が、別にディアレクティケー（問答法）として考えられなければならない。そしてイデアは、このようなディアレクティケーによってのみ把握されるような真実在なのである。

D　ところで、この問答法は、ソクラテスの「何であるか」の問いをもって始まり、「何であるか」を中心に展開されたのであって、イデアはかく問われる当のものであると共に、究極においてはまた答のうちに明らかにされなければならぬものであると考えられる。すなわち、それは「何であるか」（ティ・エスティン）と問われ、「まさにそれである」（ホ・エスティン）と答えられるところのもの、究極における定義の対応、いわゆる本質（quidditas）にほかならないのである。

E　ところで、まさに赤であるところのもの、赤そのものは、いかなる場合にも赤でなくなったり、赤でなかったりすることはできない。いつも赤でなければならない。これに反して、赤い花も赤い頰も、やがて赤くなくなる。花と赤、頰と赤は、同じではなく、たがいに異なるから、両者の結びつきは一時のことで、それの永続性は保証されないのである。これに反して、赤はつねに赤であって、パルメニデスにおける「あるものはある」と同じように、永遠不変に赤なのである。このことから、イデアには永遠性と不変性が考えられ、不生不滅が考えられねばならなくなる。赤くなったり、赤くなくなったりする、一切の生成に対して、少しの生成も含まないイデアこそ、真の存在であると言わなければならない。そこに「真にある」（オントース・オン）と言われているのは、存在として永遠不変であり、不生不滅であるという意味でもあれば、また本質的有として、これこそ「真にそれである」（ホ・エスティン）という意味でもあり、この真実在（オントース・オン）において、存在と本質的有とは一つになっていると言うことができるであろう。そして、このような有についてのみ、真の知識が対応するのであって、生成変化するものには永遠の真理を求めることができない。

F　ところで、このような本質は、ソクラテスの問答法において、いわゆる帰納法によって発見され、吟味されなければならなかった。この場合、「何であるか」と問われているものは、多くの事例を通じて、どれにも当てはまる定義の形で求められたりする。すなわち無数の多に共通する一者である。花の赤も布の赤も、その他のいろいろの赤も、それぞれに異なってはいても、赤であるという一点においては同じであるが、その一なる赤が、ソクラテスの問答法において、「まさに赤であるもの」として、その「何であるか」が問われているのである。そしてこの共通なる一者が、「……は赤くある」とか、「……は赤い」とかいう仕方で、いろいろに述語づけられるわけである。

しかしながら、この述語は直ちに主語と同じではなく、花は赤いと言われても、赤いのは花に限らないから、共通なる一者は、主語に当る多のどれとも即一されず、それらから厳格に区別されなければならない。赤い花も色香を失う時が来るけれども、赤そのものは永遠に赤なのである。いわゆる帰納法は、イデアの認識へとわたしたちを導くことはできるけれども、イデアの認識そのものは、帰納によって、多くの事例から連続的、必然的に導き出されるのではない。共通なる一者の発見は、多の積み重ねや合計と同じものではなく、むしろ忽然として、それらの多を越えたところに見出されるのである。イデアはこのような超越的共通者なのである。

一三

かくてわたしたちは、論理を媒介として、超越的なものを捉えようとする、パルメニデス以来の努力が、いわゆるイデア論において、一応の実を結んだことを認めなければならない。イデアは、雑多に対する一者として、また生成変化するものに対する永遠不変者として、簡単には生成に対する真の存在として、また感覚と思わくを離れ、もろもろの科学的認識を越えて、最も厳密な知識の対応となるがごときものとして、その超越性を明確にしている。イデア論理解の第一歩は、このような超越性を理解し、それをつねに他のものから区別するところにあり、且つそのような区別の必然性を理解するところにある。

しかしながら、それはあくまでも第一歩であって、それが思想史的には、巨歩と称すべきものであるにしても、イデア論と呼ばれる思想の発展は、いつまでもその第一歩に止まるものではないことを知らねばならぬ。ある意味においては、それの発展は今日にまで及んでいると言わなければならない。否、それはプラトン哲学そのものにおいても、なお異なる他の面をもち、既にいろいろな発展の方向を示しているのである。イデアを生成の原因として考えるというようなのも、その一面であり、一方向であるということができるであろう。

パルメニデスにとっては、生成変化は人間の与えた名目に過ぎず、真実在はこのような人間の迷妄とは、全く別に考えられなければならなかった。プラトンにおいても、イデアは生成と全く別に考えねばならぬものである。しかし既にソクラテスの問答法において見られたように、定義は与えられた実例によって吟味されなければならず、本来の道徳は世俗の道徳と区別されたにしても、それはこの世に正しく生きるための現実的根拠とならねばならぬ。すなわち超越者としてのイデアは、同時にまた雑多に共通するものの本質としてあるのでなければならぬ。本質は単なる本質としてあるのではなくて、ものの本質としてあるのでなければならぬ。するものの存在根拠とならねばならなかったのである。生成するものは、真の存在ではないけれども、また全くの非存在でもない。それは両者の中間にあって、ある程度存在するものなのである。そしてそのような存在性をイデアに負うているというのが、イデア原因説の考えなのである。*

＊　詳しくは拙著『プラトンⅡ』第Ⅲ部C、第七章参照。

しかしながら、このようなイデア原因説は、以上に見られたようなイデア論から、そのままひとりでに出て来るのではない。多くの赤いものが見られるというのは、ひとつの事実である。そしてこれらに共通する述語としての赤を認め、これをこれらの多から区別し、これに定義を与えようとすることは、また他のことである。しかしこのようにして、赤そのものを純粋のかたちで認識するということは、そのままでは別にこの一なる赤を多なる赤の原因と考えることにはならない。このような原因の考えは、この多くの赤いものが赤くあるのは、何によるのかと、その生成の由来をたずねる時に、はじめて問題となるのである。それはある意味において、タレスと同じように、天地の万物から人間社会のすべてが、何からどのようにして生じたか、今あるこの姿は、どこから借りられたものであるかとたずねる意味なのである。

しかしプラトンの問題は、赤い花が何からできているかという、材料の問いではなかった。むしろ、どうして赤い花がいまここにあるのか、その究極の原因が問われているのである。赤い花は火風水土の何かからつくられていると言うことができる。けれども火風水土の何かがあったとしても、それだけで赤い花がひとりでにここにあることにはならぬ。火風水土がなければ、この赤い花は生じ得なかったであろうが、しかし火風水土があるからといって、必ずしも赤い花は生じないのである。火風水土を材料にして、ここに赤い花を生ぜしめるもの、それが真の原因なのである。生成変化するこの世界は、何かこのような原因によって、ここに存在している。その存在根拠、あるいは存在理由、あるいは存在目的が、つまり究極の原因なのであって、プラトンはこれを善と名づけた。善とは、他のすべてが、まさにそのために存在するものにほかならないからである。別の言葉で言えば、世界はできるだけの完全性を実現し、善美をつくすことを目的とし、また原因として存在しているということになる。ひとは生きるために生きるのではなくて、善美なるものを生活に実現するために、つまり、よく生きるために生きているのであるというのと同じ意味である。

しかしながら、このような完全性が実現されるためには、また別に完全性の理想、あるいは模範（パラデイグマ）が示されなければならない。それがつまりイデアである。純粋の赤そのものが、まず一切の多様なる赤の模範として存在し、他はこれにできるだけ似ることによって、完全性に近づくこととなるわけである。似せてつくるということは、ひろく工作者において見られるところで、この世の生成は、そのような工作としても理解されるであろう。しかし、プラトンにあっては、赤い花は、宇宙の目的に従って、この世を善美なものにするために、赤さと花のすべてのあり方を、赤と花のイデアから借りたとして、その由来が示されるだけで、赤い花がどのようにつくられるかは、問題に残されている。既に見られたように、何からどのようにしてつくられるかということは、プラトンにとって、正面の問題にはならなかったのである。むしろ、それらの問題については、例えば、この花が赤いのは、赤のイデアを分有しているからで、すべての赤いものは、赤さをもつから赤いのであるというような、単純至極の説明を取り、なぜこの花が赤いかを、火風水土の構成から説明しようとするような試みに対しては、むしろ懐疑的なのである。そしてこの「赤さをもつから赤い」というような、むしろ愚直な考え方が、狭義のイデア原因論なのであると言うことができるであろう。

これに対して、どのようにして赤さをもつようになるのか、また赤さをもつというのは、どういう仕方でなのかというようなことは、当面の問題となり得なかったのである。無論、ここにいろいろ困難な問題が含まれていることは事実であって、プラトンもそれに気づかなかったのではなく、『パルメニデス』篇において、これに触れているけれども、しかしこれらの問題は、プラトンにとって、第一義的な重要性をもつものではなく、また従って、その困難もイデア論にとって、決定的なものとは考えられていなかったと解すべきであろう。

さきに見られたように、パルメニデスの場合と異なり、生成はプラトンにとっても重要な問題となっているが、ただ問題の立て方が、タレスからデモクリトスに至る人々のそれとは、原理的に異なっているのである。この赤い花は、赤さを共有することによって赤いのであると考えるにしても、何によってそれが赤さを分有するようになるのかが問題となるわけである。赤そのものがあるにしても、赤いこの花がそこから必然に生成して来るわけではない。もしそうなら、赤のイデアが永遠にある以上、この花も永遠に赤くなければならないであろう。この花の赤さは、なお他の説明を必要とするわけである。つまり、なぜ赤さをもつようにならなければならないのかということが問題なのである。それはどんな仕方で赤さをもっているかということではない。従って、プラトンにとっては、共有や分有の仕方を説明することが、問題解決になるとは考えられず、アナクサゴラスの知性や世界の生命原理の工作活動のようなものに、この花が赤さをもつゆえんの説明を求める方が正しいことになるわけである。つまり、この世界に可能な限りの完全性を与えるための、秩序の必要がこの花に赤さを与えたのである。

一四

以上、わたしたちは、イデア論と呼ばれているものの考え方が、大体においてどんなものであるかを、思想そのものに即して、かなり大胆に述べて来たが、既に言われたように、これにはなおいろいろな面があり、いろいろな発展の方向もあるのであって、それの解釈も決してまだ完了してはいないのである。以上の説明も一応のまとまりをつけてみたまでのことで、このような案内図に捉えられずに、実際にプラトンの書いたものを読んで、自分で考えながら、その理解を深めて行くよりほかに、この思想をわがものにする途はないことを知らねばならぬ。

それでは、イデア論の理解のために、最小限度直接に何を読んだらよいかということが問題になる。まず『パイドン』を読むべきである。いわゆるイデア論は、その六五D—六六A、七二E—七六C、七八B—八〇B、一〇〇B—E、一〇二D—一〇五Bなどにおいて、それぞれ異なった面から取り扱われている。しかし、これらをばらばらに拾い読みするよりも、全体を通読しながら、そのうちから特にこれらの個所を注意して読むようにすべきであろう。また九五E―九九Dも、直接イデア論には触れていないように見えるが、しかし、その根本精神を理解する上に、極めて大切であるから、注意して読むようにしなければならぬ。

そしてその上で、『エウテュプロン』か『メノン』を読んでみると、イデア論とソクラテスの問答法との連絡が理解されるであろう。『エウテュプロン』では、五D、六D、『メノン』では、七二C―Eの言葉づかいに注意してみるのもよいであろう。しかし、後者には、ヒュポテシス（七四B―七六E）や想起（八〇D―八六B）など、いろいろ重要な思想が出ているから、全体を精読すべきである。これがすんだら、『国家』とか『理想国』とか訳されている、かの大作『ポリーテイアー』をぜひ読むようにしなければならぬ。イデア論のためには、同書の第五巻（四七六A―四八〇A）、第六巻（五〇二C―五一一E）、第七巻（五一四A―五一八B、五三一C―五三四E）、第一〇巻（五九五A―五九八D）などを、特に注意して読む必要がある。余裕があれば、なお『饗宴』（二〇九E―二一二A）、『クラテュロス』（三八九A―三九〇A）、『パイドロス』（二四五C―二四九C、二六五D）などを読むとよいのであるが、場合によっては、直ちに『パルメニデス』（一二八E―一三五B）を読んでもよい。ここにはイデア論の難点が指摘されているから、これによって自己の理解したイデア論思想を試験してみるとよいであろう。[*]あるいはアリストテレス『形而上学』第一巻第六章、第九章、第一三巻第四章、第五章などについて、イデア論批評を比較してみることも面白いであろう。そしてそれから、『ティマイオス』（二七D―二八A、五一B―E、五二

ＣＤ）、『ソピステス』（二四六Ａ―二四九Ｄ、二五三Ｄ―二五四Ｄ）、『ピレボス』（五八Ａ、五九ＣＤ）、『法律』（第一二巻、九五六Ｂ―Ｅ）などによって、イデアの根本思想が、晩年のプラトンにおいても、依然として初期の形態を保っている点を知ると共に、新しい傾向にも注意して見なければならない。＊＊

＊　詳しくは拙著『プラトンⅡ』第Ⅲ部C、第一〇―一二章参照。

＊＊　詳しくは同書、第Ⅱ部、第三章a、『プラトンⅢ――哲学⑵』岩波書店、一九八二年、第Ⅲ部C、第三章参照。

くりかえして言えば、プラトンのイデア論には、なおいろいろな面があり、それが他の思想にいろいろ結びついている。また、純粋な哲学思想だけに限って見ても、イデア論だけがプラトンの哲学思想なのではない。従って、これだけを切りはなして見ることには、一面的な無理があると言わなければならない。しかし何といってもイデア論思想は、プラトン哲学の背骨となっているばかりでなく、全思想史の主脈をなしていることを知らなければならぬ。この意味において、全哲学史はプラトン哲学の発展史であるとも解されるであろう。このような思想の動きを中心にして考えるならば、それが誰の思想であるかということは、それほど重要なことではなくなるけれども、しかし純粋な歴史研究の問題としては、この思想の起源とか、ソクラテスの寄与したものと、プラトンの独創とその限界とか、あるいはプラトンの後期思想と、アリストテレスの初期思想との連絡とかいうことが、専門的に興味をひくことになる。

わが国にも、イデア論の起源やソクラテス問題についての、J. Burnet や A. E. Taylor の異説、あるいはプラトン後期思想についての、H. Jackson や J. Stenzel の特殊な見解、あるいはアリストテレスの初期思想についての、W. Jaeger の興味ある研究が紹介され、流行的に取り上げられたこともある。しかし、そのような特殊研究に眼を奪われて、思想そのものの動きを忘れてはならないであろう。思想そのものの発展にとって、それへの個人的寄与がピュタゴラス派やソクラテスやプラトンやアリストテレスの間で、どのように配分されるかということは、二義的な意味をもつに過ぎないと考えられる。

一五

ところでそのイデア論思想の発展であるが、それにはイデア原因説の考え方も一つの方向を示しているが、他方また、ソクラテス以来の、帰納と定義による、問答法の発展というものが考えられなければならぬ。それは多のうちに一を求める方法である。雑多に散在しているもろもろの赤から、赤そのものという一なるイデアを認識すること、それがソクラテス問答法の目標であった。しかしそのようにして見出されたイデアが、相互にどのように関係するのか、否、そもそも相互に関係し得るものなのかどうかということが、やがて問題とならねばならなかった。この花について、赤いということが述語づけられるばかりでなく、赤そのものも色であると言われなければならない。雪は冷たく、火は熱い。しかし、動は静ではなく、奇は偶ではない。しかも動も静も何かであって、無ではない。それは自己自身に同一であって、相互には異なる。このように、それらイデアの間にはいろいろな関係があって、ひろく述語づけられるものもあれば、そうでないものもあることが知られる。つまり、イデアは孤立せる一ではなくて、相互に関係し合う単位的一者なのである。

しかしこのように、イデアもまた多をなすとすれば、この多はかの雑多と、どう区別されなければならないのか。それは無限多と有限多として区別されるであろう。例えば、個々の赤、個々の生物、個々の人間は無数に多く、無限の多様性を示していて、これを知りつくすことはできない。これを学問的に知るには、まずこれらの無限多が、赤であり、生物であり、人間である一点において、同じであることを知らねばならぬ。それには一なるイデアが求められねばならぬ。しかしこれらの無限多が一つであることを知るだけでは、未だ学問にはならぬ。色彩学なり、生物学なり、人類学なりが、もし学問として存在するならば、それは色彩なり、生物なり、人間なりについて、それらが幾種類あるかを、それぞれはっきり示し得なければならない。すなわち一なるイデアは、いくつかのイデアに分割されなければならない。ところがこの分割は、無限には行なわれない。なぜなら、そのような無限分割は、再び無限多を与えることになり、それは知識にまとめられないからである。学問のためには、無限の多も単なる一者も未だ満足すべきものではなく、その中間に有限多を求めなければばならない。そしてこのような有限多が求められる限り、一者の分割は、もうそれ以上は分割されない、一種のアトム（不可分者）に到着しなければならない。そしてこのアトモン・エイドス（不可分なる種）が、アリストテレス哲学のために、後に重要な意味をもつことになる。しかし、アリストテレス哲学の成立を理解するためには、なおまだこのイデアの多について考えてみなければならぬ。

すなわち、イデアは、いかほど多くとも、理論上有限であり、数えられ得るものであって、しかも相互に関係し合うことのできるものであるから、この関係に従って、イデアの多を組織的に取り扱うことができるわけである。このように組織化されたイデアの多が、後のいわゆる種類の別である。この種類の最下位には、もうそれ以上は細分され得ぬ種が、数多く存在するわけであるが、これらの種に共通な類は、多に対する一として、その上位にあり、更にこのような類の多に対して、もう一つ上位の類に当るものが存在することになる。そして、このようにして上位の類を求めて行くと、その究極はどうなるであろうか。ひとつの考え方によれば、そこでは有とか、一とか呼ばれるような、唯一最高の類が得られ、その他のすべてのイデアは、この唯一者の分割によって得られることになるであろう。いわゆる概念ピラミッドの考え方である。

しかしプラトン自身が、このように簡単に考えたかどうかは疑問であり、前提から前提へと溯るディアレクティケーが、このような上昇と同一視されてよいかどうかも疑問である。さきに見られた究極目的としての善が、このような最高類と同じであるかどうかも、甚だ疑問である。それらについては、プラトン学派の人たちの間にも、いろいろ議論があったものと考えなければならぬ。とにかく、アリストテレスは、種類の多をこのような仕方で統一することに反対しなければならなかった。

最高類は、唯一ではなくて、なお少数の多に止まらねばならない。「もの」と「性質」と「量」と「関係」と、そういういくつかの最高類が残るのであって、これを更に「有」とか「存在」とかいう、唯一最高の類にまとめようとしても、ものの存在と関係の存在とは、厳密には存在の意味が同一ではなく、単に類比的に、同語異義的に「有」とか「存在」とか呼ばれ得るに過ぎないから、これらを同一類の下におくことはできないというのである。この一つにまとめられない、いくつかの最高類が、すなわちカテゴリアイと呼ばれるもので、無限に多い存在の一切は、このどれかの類に属することになるのである。しかしながら、このような統一性を欠いた多だけでは、思想は把握の中心をもたぬことになる。アリストテレスが、プラトンの死までおよそ二十年間、その門下にあって学び考えた結果は、やがてこれらの困難を別途に解決することとなり、それがまた彼の哲学の独立ともなった。

一六

それでは、アリストテレスにおいては、これらの多の中心は、どこに求められたのであろうか。カテゴリアイは、一切を四つから十までの、最高類の下に分けたのであるが、アリストテレスは、このうち、もの（実体）あるいは独立存在としての、四元から日月、星辰、動植物等に、存在としての優位を与え、他のカテゴリアイに属するものは、いずれもこの独立存在に依存し、附加されて存在すると考えた。色は面なしには存在せず、人を離れて、歩行だけが存在することはない。性質も量も関係も、何らかの独立存在（実体）の性質であり、量であり、関係であるのでなければならない。そしてこのような実体だけを取ってみると、そこには上位下位の類種関係が、他のカテゴリアイにおけると同様に存在しているのであるが、ここでもアリストテレスは、より普遍的な上位の類よりも、最下位の種、すなわちプラトンの分割法におけるアトモン・エイドスを取り、これを基本的存在と考えた。

すなわちソクラテスという個人は、動物や生物であるよりも、むしろ人間なのであって、人間の定義において捉えられているものが、すなわちソクラテスの本質なのである。「何であるか」の本質は、かくてアリストテレスにおいては、実体の最下位の種に限定されることになった。すなわち一切のうちから実体のカテゴリアイに属するものだけが取り上げられ、その実体の種類のうちで、最下位の種だけが更に選び出されて、これにのみ厳密な意味の定義と本質が語られることになったわけである。そしてこの限られた種が、つまりアリストテレス哲学の中心概念なのであって、他のものはこれの類として、あるいは附加的規定として理解されなければならぬ。実体中心の考えと、類に対する種の優越という考えが、アリストテレス哲学の特色であると言うことができるであろう。しかしこれらは、なおイデア論思想の発展として考えられるものであり、プラトン哲学の埒内にあるとも言われるであろう。事実、本質論に関する限り、彼はプラトン学徒であり、ソクラテスの「何であるか」の問いを、やはり引きついでいるわけなのである。

しかしアリストテレス哲学の特色は、更にこの実体の最下位種を、特に形相として用いるに及んで、いっそう明らかになると言うことができるであろう。無論、エイドス、イデアの語は、ともに形色、形姿、形相の意味をもち、プラトン以前においても、既に術語的に使用されていたのではないかとも疑われるのであるから、アリストテレスの用語法そのものには、何の新奇なところもないわけである。だがこれを素材（質料）との対概念として用いることは、アリストテレス独特のことであって、今日に至るまで、形相はそのような意味に理解されている。しかしこれはプラトンの意味ではなく、また従ってプラトンのイデアは、形相と訳語されてはならないわけなのである。

それでは、アリストテレスの形相概念は、いかにして成立したのであるか。それは彼において、イオニア哲学の伝統が、ソクラテス、プラトンの伝統に結びつくことになったからなのである。既に見られたように、プラトンにおいては、自然学は数学に解消される傾向をもっている。一切は空間の変容とも解される。一切の限定を受け容れる何かを考えておけば、他はすべてイデアだけで考えられることになり、非有さえも異のイデアに移されてしまう。しかし自然の存在は、果してこのようなイデアだけで理解されるであろうか。例えば怒りは、仕返しをしようとする欲望として、理論的には充分に定義されたことになるかも知れないが、自然の事実を理解するためには、心臓の周囲における血の沸騰も同時に注意されなければならない。自然の存在は、ソクラテスの問答法において問われていた「何であるか」の本質、すなわちまたイデアとして独立存在化されたものを形相とし、タレス以来問われて来た「何からできているか」の根本物質を素材として、両者から合成されていると考うべきで、この形相は自然界においては、決してそれだけで独立に存在しているものではなく、いつも素材と共にあると考えなければならぬというのが、アリストテレスの立場である。

そしてこの立場から、数学の対象は抽象によって考えられるだけで、独立に存在するものでないことは、イデアと同様であるという主張も生まれ、自然学の独立が確保されることになる。広義に解すれば、イデアの多をなす種と類のすべてが形相と解され、これを受容するだけの第一素材が、プラトンの「場所」とか「非有」とかいう形で考えられることにもなりそうであるが、厳密には、形相は実体の種的形相に限られ、これに結合する素材も、火風水土を最も単純なものとし、形相と独立に考えられるような、いわゆる第一素材は、現実には見出されぬものと考えられている。そして種的形相が現実に素材と結びついている状態に対して、まだそれが現実に結びついていない状態が、可能態として考えられ、生成はこのような可能と現実の間に成り立つとされている。銅から銅像がつくられ、種子から草木が生ずるようなものである。

一七

かくて、アリストテレスの哲学は、彼自身が自覚しているように、ある意味においては彼以前の哲学の綜合であると言うことができるであろう。形相と素材の二つの概念のうちには、いまも見られたように、それまでの思想の二大潮流が収められていると言うことができる。しかしアリストテレスは、この二つのものを、自然の存在のうちに、分析的に見出すのであって、これら二つがどこから来るかをたずねることには、ほとんど冷淡である。従って、彼の形相論も素材論も、あまり徹底的ではない。彼の立場は、タレス、デモクリトスのそれとも、またソクラテス、プラトンのそれとも異なり、むしろピュタゴラス派の人々と同じように、世界の現在あるがままを観察して、それがどのような構造であるかを論じていると見ることができるであろう。いわゆる観照生活の優位は、両者に共通する生活態度であると言うことができる。ただ異なるところは、ピュタゴラス派の興味が、宇宙の天文学的秩序に向けられたのに対して、アリストテレスの関心は、むしろ生物学的自然に注がれたという点にあるであろう。従って、アリストテレス哲学の中心は、存在論あるいは存在分析にあって、生成論にはないとも言われるであろう。

無論、生成は彼が関心を寄せている、自然界の現実であって、彼にとっても重要な問題となっているのであるが、しかしその生成は、一定の基体の上に、一定の出発点を出て、一定の終点で完了するような、いわば静止的な生成なのである。動植物の生成には、種子が草木となり、草木がまた種子を生むというような、生成の循環が行なわれて、その間に種的形相が同一性を保っていることが考えられている。しかしその「種の起源」は問われ得ないのである。そしてあらゆる生成の究極の動因は、不動なる動者、純粋形相としての神となり、神は純粋知性の純粋活動を楽しんで、地上的なことには少しも煩わされぬのである。これは人間についても、観照智と実践智が全く区別され、知育と徳育が分離される傾向に対応するものと言うことができるであろう。

かくて、アリストテレスにおいて、ギリシア思想の主要な傾向が、一応は綜合されていると言うことができるけれども、それだからといって、ひとはアリストテレスにおいて、ギリシア思想が代表されていると考えてはならないであろう。その綜合の仕方が、いま見られたように、全く特殊なものだからである。わたしたちはこの分析家から、大胆な思想的冒険を期待することはできないが、しかしそのような冒険が、アナクシマンドロスからプラトンに至るまでの、ギリシア思想家の特色だったのである。ギリシア思想を静止的、観照的、自然的、感覚的、現実的というような形容で、簡単に規定することはできないのである。

また、これまでに述べられた二つの潮流が、ギリシア思想の全部であるとは、無論、言えないのであって、ギリシア思想は、自然や自然を越えたものについて思考するばかりでなく、やがて、自己自身についても反省するようになり、それが認識論的な問題や方法論の問題を生ぜしめ、ゼノンの論法はアリストテレスの論理学へと発展完成されると共に、他方ではまた、やがて懐疑論を成立させる。また人間の自己自身をたましいに認めるところの、より深刻な反省は、霊魂不滅の宗教思想とも関係して、ソクラテスからプラトンへと深化発展せしめられ、これが古代末期の思想に重要な意味をもつことになる。

更にまた国家社会や道徳宗教についての反省も、思想史的に興味ある発展を示し、さきにソクラテスの場合に触れられたように、形而上学思想の発展にもいろいろ重大な影響を及ぼしているのである。しかしそれらをこの小論で、全般的に取り扱うことは不可能であるから、ここではいろいろなものを羅列する代りに、主要な傾向の二つを取って、思想の動きそのものを主にして、ギリシア思想の一端を紹介することにした次第である。

けだし思想は、雑識ではなくして、思考そのものだからである。

古代アトム論の成立

アトム（原子）論、つまりいろいろな現象を構成する単位になる粒子的物質というようなものを考えて、それによってその現象を理解しようとする考え方は、今日では一つの常識のようになっていて、われわれはそういう考え方にかなり馴らされて来ておりますが、こういう考え方は、しかし、はじめからあったわけではなく、いろいろな歴史的な順序を経て、そういう考え方をもつようになったのであります。それは特に近世において著しい考え方だとも言えるかと思いますが、しかしその起源はかなり古いものだと言うことができるでしょう。ここでは古人がそういう考え方をどうしてもつようになったかということについて、大雑把にお話してみたいと思います。

古代の自然哲学の最初は、言うまでもなくタレスという人から始まるわけですが、この最初の自然哲学者たちを歴史的にはイオニア学派と言っております。そのタレスに始まった古代最初の自然理解の方法は、大体、自然そのものによって自然を理解するというゆき方であったと思います。すなわち自然においてわれわれが日常の経験によって知ることのできる水とか空気とかいうようなものを取って、他の自然をそれに還元して理解するという方法でやっていたのであります。つまりわれわれの周囲に見出すことのできる水とか空気というものを取り上げて、これの変化によって他の一切を理解するということでして、それが最初の自然理解の方法であったと考えられるのであります。

ところで、この最初の自然理解の方法においては、その一つの物質、つまり水とか空気とかいうものが変化して、ほかの物質になる、というような考え方なのですから、変化ということが非常に大きな役割をしておったわけであります。しかしその変化は、どういうふうに行なわれるかと言えば、ヘラクレイトスという人の言葉の中に端的に言いあらわされております。

たとえば火というものがある。昔の考えですと、火が変化して風——空気と普通言っておりますが、空気になる。その空気が変化して水というものになる。水というものはまた土になる。こういうような仕方で変化して、火になったり、空気になったり、土になったりする。こういう考え方をしていたのでありますが、ヘラクレイトスはこの変化をあらわすために、生死の関係によって説明しようとした。ある意味で、空気は、火が死んで生ずるものである。空気が死んで生ずるものが水、水が死んで生ずるものが土、そんな言葉で言いあらわしている。火は火でなくなることによってはじめて空気というものになる。空気は空気でなくなることによってはじめて水になり、水は水でなくなることによってはじめて土となる。つまり、自分を否定して他のものになるということによって変化ということが成り立つわけであります。

くり返して言えば、この最初の自然の理解、物質のどれか一つを取って、それの変化として、他のすべての自然現象を理解しようとする場合に、変化ということが重大な役割をしております。ところが、この変化ということは絶えず他を否定して成り立つので、いわばアナクシマンドロスの言うように、ものが互いに殺し合うような罪を犯して、それのまた償いをするというような関係にあるとも、考えられるわけです。

またアナクシメネスという人は、アエール（空気）というこの一つの物質を取って、他のすべての物質を、それの変化として理解するために、できるだけ単純簡単な理解の方法を選んで、変化ということを一つの量的な関係として考えようとした。すなわちそれは稀化といい、濃化という関係であります。火が濃くなってくると空気になり、空気がもっと濃くなると水になるというふうに、ただ濃くなるとか、薄くなるというような関係で変化を理解しようとしたのであります。これは変化ということをある意味において、できるだけわれわれにたやすく理解できるような仕方でまとめたもので、これは思想上の大変な進歩であったのであります。一つの物質を取って他のすべての変化を理解しようとするために、ヘラクレイトスという人は、このことを一方が生きて、他方が死ぬと言ったのですが、これはそれなりに深い意味をもつ考えなのですが、しかしこれだけではすぐにはその意味を理解できそうもありません。むしろ濃化稀化というような単純な関係で、相互の関係を理解するアナクシメネスの始めた考え方の方が正統の考えとなったのであります。ところが、これに対しては外部から極めて重大な批評が起って来た。

それはメリッソスという人の批評であります。この人はそういう考え方に対して批評を加えて、物は濃くなったり稀薄になったりして、ほかのものに変化するというけれども、そもそも濃いとか薄いということはどういうことであるかというと、同じ一つの物質、水なら水、火なら火という物質を取り上げても、その物質だけでは理解できない。濃くなったり薄くなったりすることを理解するには、何かほかのものをもって来て理解しなければならない。

それは何かというと、そういう物質一般とは全く違ったもの、全く何の物質でもない空(くう)というようなものを考えてみると、何にもないもの、空間、空虚というものが、物質の中にたくさん含まれていれば稀薄になるので、それが濃くなってくるのは、空が少なくなるからだ。薄くなる、濃くなるということは、空というものがたくさん存在するか、少し存在するかということなのです。しかし、何にも物がないということは、あらゆるものを物質と考えると、物質以外のもの、つまり昔の考えでは、それは一つの無にほかならないのです。では、そういうものがあるというのはどういうことか。空というもの自身があるとか、無があるとかいうことが果して可能であるかどうか。これが非常な疑問になる。むしろ無いものが有るということは、これは矛盾であって、不可能である。空ということは考えられないということになります。

そういう意味でメリッソスは、そういうことは不可能である。従って、濃化稀化ということはありえない、と言ったのであります。そうすると、どれか一つの物質を取って他のものを説明しようとすることは、最初タレス以下の人々が考えたほど簡単に言えないことになるのであります。これに対してエンペドクレスという人はそういう困難に気がついて、自然を説明するのに、空というものの存在を予想することは矛盾であり、そういう説明は成り立たなくなってしまったから、むしろ物質はお互いに変化しないと考えるよりほかはないというので、火風水土の四つの物質は互いに変化することのできないものである、というふうに考えたのであります。それで、四つの物質は互いに変化し合うことのできないものであるということを認める立場が出来たのであります。この立場は、いわゆる元素の考え方に共通するところがある。つまりエレメンタ（elementa）というような考え方になるわけであります。

このようなエンペドクレスの四元素の考え方が古代から中世まで続いて、それが四つでなく、もっと幾つかに考えられるようになり、ボイル、ラヴォワジェというような科学者が出て来た頃には三十というような数まで考えられ、さらに現在においては、問題のウラニウムなどを含めて元素の数は九十二という沢山のものに分けられるようになった。そこで、そういう元素を構成するアトムというものが考えられるわけであります。

しかしエンペドクレスは、エレメンタという言葉で自分の考えを述べているのではなく、それは後世の解釈によるのでして、このエンペドクレスによってはただ、自然を四つの独立したものとして考えなければならないということになっただけなのです。それをエレメンタであると考えてよいかどうかとは、別なことなんです。古代においてはアリストテレスもこれをストイケイア（エレメンタ）という言葉をつかって説明したりしておりますが、しかしエンペドクレスの考えたものが、果してエレメンタであるかどうかは問題なのでありまして、そのためにはここにちょっとエレメンタとは何であるかということを説明しておく必要があります。

まず語義から説明すると、これにもいろいろの説明の仕方がありますが、いまそのうちの一つの説明を取ってお話しますと、はじめは elementum が elepentum であって、もっと前はまた更に elepantum と言い、これはギリシアの言葉でエレパス（ἐλέφας - ἐλέφαντος）という言葉をそのままローマ字に書き移したのだと言うのであります。同じような例が、地名でギリシア名 Taras を、ラテン名では Tarentum と言い、エンペドクレスの生地 Akragas をラテン名では Agrigentum と呼ぶところにも見られると言うことができます。ところでこの意味は何かというと、エレパスは象牙ということです。象牙がなぜエレメントゥム（elementum）ということになったかというと、象牙と言っても特殊な象牙で、ギリシアの言葉では、これはもとストイケイアと言ったものを指すことになります。これはもとストイコスという言葉から出ていて、隊列を構成するものを指すのであります。しかしこれも言葉の慣用では、一般的な構成ではなく、ＡＢＣの系列をストイケイアと言い、特別にはいわゆる字母に当るようになっていたのであります。

ところが、この字母を子供に覚えさせるのに道具があって、今日の日本においても積木のような四角な玩具を見受けますが、ローマ時代にも字を覚えさせる道具の一つにそういったものがあって、一つ一つの字が象牙の駒に彫られていた。それがエレパスであった。字母かれを構成するわけです。そしてそれをさらに一般的な意味で、ものが組み立てられる単位的なものを指す、こういう場合の必要からエレメンタという言葉が用いられるようになったのであります。つまりストイケイア、エレメンタという言葉の意味はアリストテレスが『形而上学』という本の中で説明しているように、何かを組み立てている基本のものを指します。つまり字母によって言葉が組み立てられ、同時にそれがまた字母に分解される。

たとえばソクラテスという一つの単語があると、それがソとか、クとか、ラとかいうように、一字一字に分解されるわけでありますが、それがまた出来上った単語の中にエレメンタとしての字母のまま内在している。これとちがってソクラテスという字を書くのに筆を使って字を書くとしますと、その場合、手の運動は、字母とちがって、そのまま出来上ったソクラテスという単語の中には内在していません。この出来上ったものの中にも、そのまま内在しているということがエレメントゥムの重要な特色になるわけであります。そうしてエレメンタというのは、もはやそれ以上他のものに分解することのできないような性質をもったものを指すわけであります。従って、エレメンタというものをもとにして物を考える時には、そういう字母的なエレメンタを組み立てたり分解したりすることで、他の一切の現象を理解することになってくるのであります。

それはつまり、これまでのように、一つのものが変化して他のものになると言う代りに、変化しないいくつかの基礎物質が結合したり、分離したりすることで、説明するということになるので、基礎物質の字母的役割が重要な意味をもってくるのであります。

そういうようなことでエンペドクレスの四つのものが一種のエレメンタとして考えられ、これをストイケイアと認めることもできますし、アリストテレスもそういうように考えておりますが、しかし肝腎な点で少しばかり疑問が起ってくるのであります。つまりエレメンタには、基礎になる字母、もうこれ以上に分たれることのない小さなものという考え方がなければならないのでありますが、そしてそういう意味の定義も古人によって与えられているのでありますが、しかしエンペドクレスにおいて、細かい一つの粒子というような形で、物質を構成するところの単位が考えられていたかどうかというと、その点に多少の疑問があるのであります。エンペドクレスは火風水土の四大というものを基にして考えたわけで、それの結合および分離ということでいろいろの現象を説明しようとしたのでありますが、しかしその四大はどういう仕方で存在すると考えられたかと言いますと、これには世界の四つの時期についての、有名な考え方があります。つまりそれは火と風(空気)と水と土が完全に分離している状態と、その分離がゆるんで、お互いに混合が始まる状態と、その極点において混合が完全に行なわれてしまった状態と、かく混合してしまったものが分離し始める状態との四つでして、この四つの時期を世界は絶えず繰り返しているというのです。

ところで、四つのエレメンタと言われているものが純粋な形で存在している場合の、その純粋な形とはどういうものであるかというと、それは四大が完全に分離した時に見られると言えるでしょう。しかしそれは粒子の形で存在するのではなくて、火というものの最も代表的なものとして太陽という形が考えられている。空気は大空、水は大海、土は大地というように考えて、四つのエレメンタが分れた状態というものを、太陽、大空、大海、大地と別々に大きな巨大な塊として想像するのである。つまり四大は粒子として存在するのではない。むしろそれは大きな塊のかたちで考えられているのであります。

そういう点を考えてみると、細かい形の物質という考えをエレメンタというふうに言うとすれば、エンペドクレスの考えは必ずしもエレメンタの考えであるとは言えないところがあって、このエンペドクレスからアトムという考え方を導出することはできないのです。プラトンはいわゆるエレメンタというものは、根本的に分析された最後のものであるどころか、シラブルにもならないものであるということを言っております。だから、プラトンでは四大も既に字母の形で考えられていることになります。

しかしそういうようなものは、エンペドクレスの考え方の発展としてではなく、別なところから出て来ているのでして、それには新しい出発点が考えられるのであります。では、それはどこから出発したかというと、それは先ほど挙げたタレス、アナクシメネスなどの、自然についての考え方が、メリッソスの出現によって、簡単には不可能になって来たところから始まるのであります。つまりメリッソスが、空というものが多くなったり少なくなったりすることで、同じものが稀薄になったり、濃厚になったりするという、アナクシメネスの物質変化の説明法を否定した。そこにいわゆる古代のアトム論の出発点があるのであります。

しかしこのメリッソスという人の考え方は、全く別の系統に属するのであります。それはゼノンとか、パルメニデスとかいうような人たちの考えを伝えたのでありますが、この考えを始めたパルメニデスの考えは別に他人の考えを批評するということを目的にして現われたのではありません。この人は最もオリジナルな思想家の一人で、全く新しいところから出発したのです。

それはどういう出発であったかというと、それまでの人々は水とか空気というものを取って出発点となし、何らかの物質を取って来て、そこから他の一切を理解しようとしたのですが、しかしそのような出発点に、どれだけの確実性があり、そこからの理解にどれだけの必然性があるか、彼らには考えもつかなかったのであります。しかるにパルメニデスは、このような出発点に満足できないで、もっと確実な出発点を求めたのであります。それは近世におけるデカルトの出発に似ているということができます。彼は任意の物質を取って他のものを説明するという勝手な出発の代りに、必然的な出発点というものを求めたのであります。これは言うまでもなく、これまでのと全く違った方法を求めたことになります。

では、パルメニデスはどんなところから出発したかと言いますと、それは極めて論理的なものでありました。すべてはあるか、ないか、どちらかでなければならぬというのが、第一の出発点になります。そしてあるものはある、これは絶対に確実であると共に、ないものはない、これもまた確実なことである。ところがないことについては何にも考えることはできないから、あるものだけで物を考えなければならぬということになる。これを逆に言えば、考えるのにも、あるものしか考えられぬから、論理的に確実な前提から、論理的に正確に考えて行けば、そこから帰結して来ることは、すべて実在するということになります。

それでは、あるものだけで物を考えたらどうなるか。物はあるかないかのどちらかであり、あるものはあるというのは絶対確実なことであるから、この絶対確実な出発点から考えたらどうなるか。あるものしかないのであって、何にもないものはないから、世界というものはあるものだけの充実体でなければならない。なぜなら、有と有との間を隔てるところの無はないのだから、すべてはあるもので充実し、一体になっている。またあるものばかりで、ないものがどこかに含まれているということはないから、有の多い少ないということも言われないことになり、世界全体が均等の性質をもっていなければならないことになる。そういうような存在は連続一体であり、不生不滅であり、不動不変であるというような、いろいろの規定があるものはあるという命題から導出されるわけであります。

しかし、これはわれわれの常識で考えられることとはまるで反対であって、われわれの見ているものは種々雑多な沢山のものであり、いろいろに変化するものなのです。われわれの日常見ているものには、確実性のいかなる保証があるか。われわれはそのような常識に捉われることなく、絶対確実の論理を信じなければならぬというのが、パルメニデスの立場であります。そしてわれわれが日常見ているものは、人間がそう考えたところの、人間の見るものにすぎない、というような考えが、論理的確実性の意識から対立的に生まれ、絶対存在というようなものが別に考えられねばならなくなる。そしてこの思想を述べるに当っても、宗教上の啓示を述べるような形で、その絶対存在を言いあらわしたのであります。

無論、常識的な立場では、かえってパルメニデスの考えの方が不合理のように考えられるところから、ゼノンという人が出て人々が日常考えるいろいろな考えを分析して、常識的に信じられていることの不合理性を指摘したのであります。ゼノンの有名な運動不可能論というようなものは、こういう事情の産物なのであります。

そしてさきほどお話したメリッソスの立場も、このパルメニデス、ゼノンの立場だったのであります。そしてメリッソスの批評によって、それまでの自然説明、自然哲学は非常な危機に陥って、われわれは単純に今までの変化による説明を信ずることができないことになったわけです。何かパルメニデスの論理に堪えることのできるような理論をもってしなければ、今までのままで自然の説明をつづけて行くことはできないことになったのであります。この問題を解くことはいまや歴史的に課せられた一つの仕事になって来たわけです。この仕事が古代においてアトム論の形成となりますが、それは自然哲学の危機を克服するということで始められたわけであります。そのアトム論はレウキッポス、デモクリトス、この二人の名前に結びつけられております。

ところでこのアトム論の考え方は、レウキッポスによって、まずその基礎がおかれたわけであります。レウキッポスはエレアの人とも、また、アブデラの生まれだったとも言われ、晩年にはアブデラに住んだ模様でありますが、エレアというのはゼノン、メリッソスなどの学派のある所で、恐らく彼はそのエレアで学んだのではないかと想像されるのであります。しかし彼の生まれた土地についてはむしろミレトス生まれというのが正しいかと思います。

レウキッポスは思想上の立場から言うと、タレス、アナクシメネスのあとを受けたわけでありますが、有無についての厳密な論理というものが、もとのままの考えを不可能にしたので、これをもう一度パルメニデスの論理の制約の下で考え直そうとしたのだと言うことができるでしょう。

今もお話したように物はあるかないかであるということを前提とするならば、あるということをもって、すべてを埋めつくす考え方が必然的に出てくる。ないものについては何も考えることはできない。しかし、別の考え方ができないのかどうか、つまりあるものと、ないものとをいっしょに考えるという立場が残ってはいないかどうかということです。無論、パルメニデスの言うように、ないものをあると考えるのは人間の迷妄に過ぎないということになるかも知れません。けれども人間の見る世界を説明するのには何かそういうパラドクシカルな考えが必要であるかも知れないし、またないものがないということも、どういう意味でないのかを、もっとはっきりさせることが必要になってくる。メリッソスの説では、存在は生まれることもないし亡びることもない。従って変化もない。物が濃くなったり薄くなったりすることを説明するためには、空虚というようなものを考えなければならない。

しかし、何もないものがあるということはあり得ないではないか。空虚ということはない。従って、物が薄くなったり濃くなったりすることはできないということになる。その点に議論があるので、レウキッポスは、むしろ空虚の存在を考えてみたのであります。空虚というものは、はじめは空気というものと混同されていたのでありますが、エンペドクレスの時代になると空気は一つの物質であるということが発見されたので、空虚と空気とは区別されなければならないことになります。空気も何もないところの純粋な、何も物のない状態ですね。そういうものを、メリッソスはないと言うのでありますが、しかしこれを、あるとしたらどうなるか。そうすれば運動ということが考えられるのではないか。また実というものに対して空ということを考えるならば、実でない空をもって実と実をへだてることができるわけであって、空の存在を認めるならば、連続一体となっていた世界を二つにも三つにも分けることができる、すなわち多いということと動ということが可能になるのであります。そしてこれを認めさえすれば、ゼノンやメリッソスによって説かれたいろいろの困難が解かれることになる。

では、空虚というものは果して存在しないかというと、それは簡単にそうきめてしまうわけにはゆかない。実があって虚がないという考え方は、存在概念を物体概念と同一視することであります。しかし、存在するということは物体としてあるということに限られるのではない。つまり存在するということは、物であるということと、一つではない。物が何もないということもあり得る。このことをパラドクスの形で、デモクリトスやレウキッポスは、非有もしくは無も存在すると言ったのであります。そしてこのようにして、エレア派の学説をくつがえして、これによって動と多というものを生かすことができたのであります。空の存在を許すならば、物の分割が認められ、多ということも認められる、それによって現実の多様が認められるのであります。これは物と物とを隔てるものとして、分ける原理として、空間を考えることであります。

しかしそれがどこまで分けられるか。単に空間を認めるだけなら、どこまでも物は分けられることになる。しかし物が無限に分けられるならば、無限に分けられた部分というものは何であるか、それは大きさをもっているものであるか、否か。大きさをもっていないものであれば、そういうものが無限に集まっても、何も大きさのあるものは出て来ない。それの集まりである世界は何も大きさをもっていないことになる。また無限に分けられた時に、ものはなお何らかの一定の単位の大きさというものをもっているとすれば、それを無限に集めたものとして、すべてのものが無限に大きなものとなるというようなことを、ゼノンは無限分割の困難として述べていた。

つまり、空虚の存在を許し、存在を多に分つことを考えると、今度はそういう矛盾が起って来る。これをどう解決するかと言えば、だから、ものは無限に分割できないと考えればいいわけであります。無限分割ということは、いろいろな矛盾を含んでいる。だから、無限には分けられないと考えればいい。物は分けられる。しかし無限には分けられないということを考えた、それがアトム（atomon）なのです。それがアトムというような考えの始まりなのです。アトムとは不可分子（a-tomon）の意味であります。

それでは、もうそれ以上に分けられなくなったものは、どういう存在であるかというと、空を含んでいない充実しているものだということになるのであります。なぜなら、もし空を含んでいれば、それによって分割が可能となります。だからそれ自体として空は一つも含まれていないことになる。それは全体として同じ一つの性質のものである。世界が全体としては充実した一体だということは、パルメニデスの主張であったのですが、いまはそれが一つ一つのアトムのことになったわけであります。

アトムはパルメニデス的絶対存在を細分したものなのであります。しかもその際の単位はいずれも有であって、どれも同じ性質のものでありますから、すべてを単純に一つのもので、理解することも可能となったわけであります。空虚というものは空気でも何でもない、存在なき状態、有の否定、非有なのですから、真実に存在するものは有だけであるということになります。従って、同じ性質の存在であるアトムというものだけによって、全世界を一元的に理解することができる。これがタレス以来求められていた世界の一元的理解の帰結なのであります。そして、それがデモクリトスによって細部にわたり、いろいろ説明され、後にエピクロスがもっと経験的な仕方でこれを説明したのであります。

アトムという考えが、どうして生まれて来たかということについては、だいたいこのくらいで一応お話を終りたいと思いますが、ただこういうようなことから、どういうことをわれわれが考えることができるかというと、それは思想の歴史において、タレス以来次第にアトム論が生まれてくるまでに、一つの論理がはたらいているということであります。無論、それの成立は単に論理だけによるのではないけれども、しかし思想史は思想そのものの論理によって進展するところがあり、それが思想史の本質的な部分であるということであります。

古代アトム論の成立には、パルメニデスやゼノンの一見極端とも考えられる論理が梃子(てこ)となって、アトム論の考えを導き出している。一方においては、経験的な事実に忠実であろうとするタレス以来の思想的傾向が存在し、できるだけ多くの経験的条件を、どこまでも精密に考えに入れて行くと共に、また他方においては、絶えず非常に抽象的な、非常に高度な論理というものが働いているということ、このことをわたしはお話したかったのであります。このような話が何かのご参考になれば幸いです。

II

古代哲学 一

1　一般的注意

哲学（philosophia）という言葉も、また哲学そのものも、古代ギリシア人の発明である。従って、そのギリシア人の哲学を主とする西洋古代の哲学は、すべての他の哲学に対して原型的な意味をもっている。ギリシア哲学についての正しい理解をもたないでは、他の哲学の理解も、一種の当推量にたよるようなものが、中心的な部分にのこされることとなり、いつまでたっても不確実なままに止まるだろう。

哲学を学ぼうとする者は、まず古代ギリシアの哲学について、なるべく直接的な知識をもつようにしなければならない。直接的というのは、後代のひねくった解釈や批判などを通してではなく、永い年月を経て今日にまで伝えられた貴重の原物を——原語あるいは忠実な翻訳によって——直接自分で読んでみるということである。ギリシアの古典は、今日に伝えられるまでの歴史的条件に制約されて、その数は比較的少数に限られている。従って、その主要なものを読んでしまうことも、それほど困難ではない。そしてそこから全体についての、自分なりの理解をもつことができるなら、それによって近代の一見複雑に見える哲学上の議論も、これをもっと簡単な形に直して考えることができ、いろいろな対立も、これを古代の類例によって、大局から見ることができるだろう。

トインビーは歴史研究を志す者にとって、ギリシア・ローマ史の研究が、最もよい訓練の場となることを主張しているが、[*]事情は哲学においても全く同じであると言うことができるだろう。そして古代哲学史の叙述は、このような直接の接触に対して、それの代用の意味をもつものではないが、しかし一種の案内書となり、ひとびとの直接的な知識を整理するための参考書となることができるだろう。

＊　A. J. Toynbee, *Civilization on Trial*, 1948, p. 4 ――深瀬基寛訳『試煉に立つ文明』社会思想研究会出版部、一九五二年、上、一四頁以下。

ただわが国においては、ギリシア・ローマ研究の基礎をなす古典言語学が、極めて若い学問として、まだ発達の途中にあるため、確かな案内書や参考書を出すことができず、その代りに充分の資格を欠いた傾向的な俗書が氾濫しているので、そういうものは一切読まない方がむしろいいことになる。

また翻訳書も、選択に偏向があって、標準的基礎的な書物よりも、好奇的異端的なもの、左翼公式的なもの、二、三流の通俗書が多いように思われるし、訳者に充分な知識がないために、自分自身何だかよくわからずに、見当違いの訳をしていることが少なくないので、これまた用心が必要である。

2　古代哲学の世界

かくて、西洋古代の哲学、すなわち実質的にこれを見れば、古代ギリシア人の言語を通じて表現され、また思考された限りの古代哲学なるものは、直接これに接触して、その実際を知るのがまず第一である。しかしそのためにも、予備として概略の案内図のごときものを示す必要はあるわけだ。いまその大体を示すとすれば、次のごとくであろう。

まずその時間の枠は、紀元前六世紀のはじめから紀元後六世紀のはじめまで、およそ千百年余にわたるものであると言うことができるだろう。つまり中世、近代の歴史よりも、はるかに長期にわたるものであることを、まず注意しておかねばならない。古代というものを、われわれは今日から単純一色に考えてしまうけれども、この長期の歴史にはもっと複雑な様相が区別されるのである。

一部に行なわれる奴隷制、封建制、資本主義などの粗雑な公式をもってすれば、オリエントの専制政治も、ギリシアの市民国家も、共和制ローマと帝国制ローマも、何の区別もないことになり、ローマ時代のストア派の哲学に関する議論から、ギリシアの奴隷制について推論したりするような混乱も生じて来る。いわゆる奴隷制の実態も、時と所によって一様ではないのであるから、このような空虚の公式は、哲学史の理解にあまり役には立たない。われわれは哲学史の古代を、早急に単純化しないで、一千年以上にわたる長期の歴史として、そのうちに含まれている多様なものを、それ自体の歴史的推移に即して理解する心がまえをもたなければならない。

地域的に見ると、それは大体において地中海を中心とする一つの世界にまとめることができるだろう。今日の地理で考えると、ギリシアはバルカンの一角に局限されるので、これと地中海世界とはすぐに一つにならないように思われる。しかし哲学史の古代に見られるギリシア人の世界は、地中海の島々や沿岸の各地にひろがっていたのであって、東はキュプロス（サイプラス）島からトルコの西海岸、西はジブラルタルの西からスペインの東海岸、中央はイタリア南部、シケリア（シシリイ）島、南はアフリカ北岸の一部、北はビュザンティオン（イスタンブール）から黒海沿岸各地、ロシア南部（クリミヤ）などに、ギリシア人の都市や住居が見られ、その足跡はもっと奥地にも及んでいたと想像されるのである。そしてこの地中海世界が、ギリシア語とギリシア文化の行なわれる世界となるわけである。

ただしこの世界は、安定した限界をもった平和の世界ではなく、ギリシア人がバルバロイと呼んだ他民族に取りまかれ、その辺境はいつも力関係に支配されて、出入のはげしいものであったことを知らなければならない。シシリイ島、コルシカ島、イオニア地方（トルコ西海岸）などの例がこれを示している。しかしギリシア語とギリシア文化は、アレクサンドロス大王の出現以後においては、狭い民族的な勢力とは独立に、それ自体の力もはたらいて、もっと広範囲にひろがるのであり、古代末においても、東方諸国を通して、その活力を持続することができたのである。

だから、ギリシア哲学を実質とする古代哲学の舞台も、時代によって伸縮があり、時間の限界も、どこで始まり、どこで終るのか、必ずしも固定的には考えられない。哲学の伝統の持続とか、哲学の起源とかいうことも、それぞれに特殊問題として意味があるわけだ。しかし略図としては、大体において時間も地域も、以上のような区切りでよいのではないかと思う。

3　古代史の二大区分

さて、この千百年余の歴史であるが、これは大別して二つになる。アリストテレスの死（前三二二年）が、その分れ目になるわけで、アリストテレス以後の時代と、アリストテレスまでの時代を区別することになる。これは一般文化史、あるいは政治史の区別とも重なる。

アリストテレスの死に先立つこと一年、マケドニアから出発してインドにまで東征の足跡をのこしたアレクサンドロス大王は、三十二歳の若さでバビュロンに病没したのであるが、この王の出現は古代史に新しい時代をひらくことになった。哲学をはじめ各種のギリシア古典文化は、彼らの共同生活の場としてのポリス（市民国家）を地盤にして開花したものなのであった。それらのポリスは、相互に独立自由であって、城壁や海水によって守られた比較的狭小の地域に、家族や村落の組織を結合した全国民的組織が完成され、その内部に高度の文明を発達させることができたのである。

例えばアテナイにおいては王制、貴族制、僭主制、民主制などの推移が、内部的にそれ自体で発展したと考えられるのであるが、その間に彼らが試みた実験は、彼らの創意工夫した制度や方法と共に、人類への貴重な贈物となったのである。彼らの建築、彼らの彫刻、彼らの劇作品、彼らの歴史書、彼らの弁論術、彼らの数学、天文学、そして彼らの哲学は、みなこのポリスの内側で創造され、発展させられたのである。

そしてこれらの文化をつくり出す原動力となったものは、彼らのポリスが、外部からの支配に対して自由独立であることを原則としていて、彼ら自身がその自由の自覚をもっていたことにあったと言うことができるだろう。* 彼らの政治的自由、市民的自由の実例を、われわれは古典期のアテナイ市民生活のうちに見ることができるのであるが、この自由の意識こそ哲学の母であると言わなければならない。事実、自由がなければ哲学はなく、自由の意識が存する限り、哲学もまたあると言うべきであろう。

＊　拙稿「自由のギリシア的理解」（『西洋古典学研究』第一〇巻、一九六二年三月、『田中美知太郎全集』第五巻、筑摩書房、一九六九年所収）参照。

しかしそのポリスの独立と自由は、アレクサンドロスと彼の父ピリッポスの軍事力によって、原則的あるいは実質的に否定されてしまうのである。無論、ひとたび点火された自由の意識は、それによって消えてしまうことはなく、ネロの母が危険を感じた*ような仕方で、哲学はつねに圧制の敵として存続しなければならないのである。

* Suetonius, *Nero*, 52.

しかし他面から言えば、ギリシア人の発見した自由は、彼らのポリスの城壁内に局限される筋のものではなく、彼らがポリスの独立自由（自治）だけに固執したことが、かえって彼らの自由の喪失の原因であったとも考えられる。経済の発展は、ポリスだけの自給自足を事実上不可能にしていたのであって、広地域の共同は、外国の巨大な軍事力に対する防衛のためばかりでなく、経済的にも必要になっていたとも考えられる。

いずれにしても、ギリシアの諸都市がマケドニアの武力に屈して、その自由と独立を失った時、古代の歴史はオリエントの昔ながらの絶対専制政治への連結点を、アレクサンドロスやその後継者たちのうちに見出すことになり、この連環を歴史の大筋とすれば、ギリシア人の自由は奇蹟的な例外、あるいはエピソードということになってしまうのである。しかしその自由の産物であるギリシア文化は、後にローマ人が嘆かねばならなかったように、武力による征服者を逆に文化の力によって征服し、彼らが征服し、支配したアジアとヨーロッパの広地域に、ギリシア文化を君臨させる結果となったのである。

かくて、文化史的には、純粋なギリシア文化の時代（Hellenic Age）とギリシア化された世界的文化の時代（Hellenistic Age）が区別されるわけである。アリストテレスまでの哲学は前者に属し、アリストテレス以後の哲学は後者に入ることになる。

4 哲学史的内容

しかしながら、哲学の歴史はそれ自身の特異性をもっているのであって、これを一般の文化史、あるいは政治史、経済史などの枠にはめこんでしまうことは、哲学史の理解としては、何の内容もない話になってしまう。だから、アリストテレス以後の哲学と、それ以前の哲学との相違点として、例えば倫理学と政治学との一体的なつながりが失われているというようなことは、哲学史以外の歴史的事情から説明されなければならないものを多分に含んでいるけれども、他の大部分はむしろ哲学史の内部で処理されなければならないのであって、それが哲学史の本来的な内容であることを知らなければならない。

古代哲学はアリストテレス以来の習慣で、万物のもとを水であると考えたタレスから始まるとされるのであるが、その派の考え方は、一つの根本物質を立てて、それの生成変化によって他の一切の自然物を、一元的に説明しようとするものであった。これは自然を自然によって説明するもので、超自然的な説明を排除しようとしているのだと解することができれば、われわれはここに近代の科学的精神の萌芽を認めることもできるだろう。しかしながら、彼らの間では、これらの説明そのものは未だ充分に反省されず、自然界の外におき忘れられていたのである。だから、他のすべての物質を唯一つの物質に還元するための説明原理たる「生成変化」ということも、自明のこととして、あえて問われることはなかったのである。

しかしエレア派のパルメニデスが、それよりもはるかに自明な論理的出発点を発見して、ものはあるか、ないかであり、またあるものはあり、ないものはないのであって、ないものがあるとか、あるものがないとか言うことは決して許されないのだということを明らかにした時、「生成変化」の自明性はもろくも崩壊しなければならなかったのである。なぜなら、一つのものが他のものへ変化するということは、例えばAがBになるというような場合、もしそれがAとしてあるものがAとしてないことになり、Bとしてはないものが、またBとしてあることになるというようなことを意味するのなら、生成変化は自明どころか、むしろ論理的に不可能なこととなってしまうからである。

かくて、タレスが始めたような自然の説明は、そのままでは保持されないことになった。だから、エンペドクレスやアナクサゴラスが、この生成変化するかのように見える自然を、もう一度説明し直そうとした時には、同時にまた説明そのものにも気をつけて、自然をパルメニデスの論理に照し合わせて考察しなければならなかったのである。すなわちエンペドクレスは、火風水土の相互変化を否定し、四元の独立を認めて、自然の多様は四元の「生成変化」によらずに、新しく「結合」と「分離」という原理を導入して、全く別の仕方で説明しようとしたのである。

しかしこれは、万物を水に還元する一元的説明にくらべて、あまりにも複雑だということになる。火風水土の四元に結合と分離の二つの作用を加えて、六つの説明原理を用いることになるからである。この点は、アナクサゴラスにおいて一つの極端に達し、現存のすべてはいずれも生成変化したことのないものであって、原初からすべて存在したのだということになったのである。つまり無限に多くの事物が独立に存在していて、万物は万物から成っていると言うよりほかはないことになるから、タレスの求めたような一元的説明は全く放棄されなければならないということになる。これは自然を説明することの断念ともなるであろう。レウキッポスとデモクリトスが考えついた「アトム」というものは、これらの困難を克服して、自然の一元的説明を回復するためのものであった。*

＊　この経過は、拙稿「古代アトム論の成立」（本書所収）、もしくは本書Ⅰについて承知されたい。

われわれはこれらの思想発展の経緯をたどる時、哲学の歴史に内在している独自の理法、あるいは論理というものを認めざるを得なくなる。その論理の全過程が一人の歴史的人物によって全部意識されるというようなことは、事実上なかったかも知れないが、その一部に参与することによって、全体の論理的展開をになうことになるというのは、否定すべからざる歴史の事実であると言わなければならない。

5　各時期の哲学は単純化されず、孤立化されてはならぬ

無論しかしながら、これらの論理的な筋というものは、限られた局面のものであって、哲学史のすべての内容が、このような論理で簡単にたどれるわけではない。

タレスの弟子のアナクシマンドロスは、水の代りに「ト・アペイロン」（無限者）を万物の根源と考えたのであるが、それについては、諸物がそこから生成して来て、またそこへ亡びて行かねばならないことを、「なぜなら、それらの事物は、時の定めるところに従って、お互いの不正のさばきを受け、つぐないをすることになるのだから」（Fr. 1）というふうに説明している。アナクシマンドロスのこの謎めいた言葉は、アトム論の成立だけを終点とする論理の筋のなかには、少しも受けいれられ、理解される場所を見つけることができないので、あっさりと無視されてしまうだろう。しかし詩人ヘシオドスや立法者ソロンの類似の言葉と関係させるなら、天地自然と人間社会をつらぬく「罪と罰」の思想が、そこにまた別の論理をもって展開されているのが見られるだろう。

エンペドクレスの思想についても、アトム論に至るまでの中途半端な理論としてではなく、アナクシマンドロスと同系列の世界秩序と時の秩序の考えを組み合わせたものとして、

全く別の見方をしなければならないだろう。[*] いわゆるソクラテス以前の哲学は、それ自体が完結した形で、簡単に自然学的なものと考えてしまうことはできない。[**]

＊ 拙稿「アナクシマンドロスの「時」について」（『京都大学文学部研究紀要』第四号、一九五六年十一月、『田中美知太郎全集』第五巻所収）参照。

＊＊ W. Jaeger, *The Theology of the Early Greek Philosophers*, 1936 ――神沢惣一郎訳『ギリシャ哲学者の神学』早稲田大学出版部、一九六〇年参照。

ヘラクレイトスは、むしろクセノパネスの宗教批判やピュタゴラスの新宗教運動に多大の関心をよせているが、その中心の問題は「プシューケー」（たましい）にあったとも考えられる。哲学の時代とホメロスの時代との間には、大きなへだたりがあり、内面的な「たましい」あるいは精神の発見が、これに決定的な意味を与えているとも言われる。[*]

＊ B. Snell, *Die Entdeckung des Geistes. Studien zur Entstehung des Europäischen Denkens bei den Griechen*, 1946〔新井靖一訳『精神の発見――ギリシア人におけるヨーロッパ的思考の発生に関する研究』創文社、一九七四年〕; *Poetry and Society*, 1961 などの所論について見られたし。

アナクサゴラスは、アトム論の形成には消極的な意味しか認められないとしても、彼の

「ヌゥス」は、ソクラテス、プラトン、アリストテレスなどを通じて、全く新しい自然観が展開されるための出発点となったのである。ヘーゲルがアナクサゴラス思想の出現は、「人間精神の歴史に一時期を画したものだ」と言うのも、決して誇張ではないだろう。[*]

* Hegel, *Vorlesungen über die Philosophie der Geschichte*, Glockner, S. 38 (*Die Vernunft in der Geschichte* (hrsg. Lasson), S. 13)〔長谷川宏訳『歴史哲学講義』全二冊、岩波文庫、一九九四年〕.

いわゆるソクラテス以前の哲学者というものは、その断片語と、アリストテレス学派の自然学的興味を中心とした記述とを通して、部分的にしか知ることができないのであるが、彼らのそれぞれは独自の個性をもち、その思想もいろいろの解釈を誘い出すような、暗示性と多様性に富んでいるので、これのどのような哲学史的叙述も、一面性の非難をまぬかれることができないことになる。

事実、哲学史を読むことは退屈であるが、彼らの断片語を読むことには、いろいろの発見があって、興味はつきないとも感じられる。われわれは古代哲学について、その直接的な知識をもつことを第一としたのであるが、哲学史のこの時期については、直接の材料となる断片語も数が少なく限られているので、それが比較的容易であるとも考えられる。そしてこの初期哲学のうちに見られる各種の対立と、それの克服の過程をたどる時、そこに全哲学史の縮図を見るの思いがすることもあるだろう。

しかしながら、これらの初期哲学者たちを他の哲学者たちから全く切り離して、これだけを一つの完結体のように取り扱い、これに偏愛を示したりすることは、いろいろな危険をもつと言わなければならない。彼らの自然説明も、彼らの世界秩序、社会秩序についての考えも、また彼らの取り上げた「ヌゥス」や「プシューケー」の原理も、そしてまた哲学そのものの自覚も、そのような自己完了的なものではなく、プラトンやアリストテレスの古典期哲学によって、より全体的に、より徹底的に取り扱わなければならないような、歴史的連続のうちにあるものだからである。だから、それらの古典哲学の理解がなくては、初期哲学の理解も不完全となり、解釈者の現代的主観性に密着しただけの、単なる誤解に終ってしまうだろう。

われわれはソクラテス以前の哲学とか、初期の哲学とかいう、哲学史家の取扱い上の区分に捉われて、全体的なつながりを忘れ、これを孤立的、自己完結的に考えてしまう危険を、充分の注意をもって避けるようにしなければならない。

6　アリストテレス

しかしこれは逆にまた、古典期の哲学を一つの固定した体系として捉えることの危険を教えるものとも解されるだろう。

特にアリストテレス哲学の用語というようなものは、中世スコラ哲学による術語的な使用を介して、今日でもひろく用いられているので、その後の哲学諸派のいろいろな解釈や批判によって変容されながらも、われわれにはそれが何か当り前の分りきった言葉のようにして、固定的に受け取られているものが少なくない。そしてそこから逆にまたアリストテレスの哲学というものを、何か完了した体系のように想像して、いきなりアリストテレスだけを孤立した形で捉えて、それでギリシア哲学の理解が片づいたように思うことが少なくない。しかしそれは初期哲学者のある種の解釈と同じように、現代の常用語に合わせて切り取られた、極めて主観的なアリストテレス像に過ぎないということになるだろう。

　アリストテレス著作の実際について見れば、アリストテレスの哲学の体系というようなものが、明確な輪郭をもって与えられているわけではない。これに完了形を与えようとした注釈家たちの努力にもかかわらず、そこに言われていることには、容易に統一解釈を許さないような多義性、多様性、あるいは矛盾さえも見出されるのであって、その体系もぼんやりしたもの、動揺したものになって来る。アリストテレスの哲学もまた、他の哲学と同じように、生成のうちにあったのであって、その生成は彼自身のうちだけで完了するようなものではなくて、彼以前の哲学、あるいは同時代の哲学とも密接に関連して、全体的な歴史的生成のうちにあるものなのだ。

　われわれがアリストテレスと共に連想する哲学用語は、カテゴリー、実体と属性、質と量、関係、本質と定義、特性、種類、種差、普遍と特殊、矛盾と反対、欠如、命題と推理、論証、帰納、抽象と具体、基体と附帯者、可能と現実、原因、倫理など、まだいろいろ数えることができる。しかしこれらの概念は、既に彼以前に準備されていたのであって、用語そのものも、すべてが彼の発明というわけではない。

例えば形相と素材という概念は、このような相関性を自明とする形で、今日のわれわれに親しまれていて、これがアリストテレスの名前に結びついて記憶されることも既に久しい。しかし形相と素材を相関的なものとすることは、われわれにとってこそ自明のことのように見えるけれども、そのような相関性は、アリストテレス以前には知られていなかったのではないかと疑われる。その意味では、これはアリストテレスの発見、もしくは発明と言われてもよいだろう。しかし彼は、突然このようなものを考え出したわけではない。

彼は数学から自然学を区別し、両者を即一することに反対しながら、自然物には論理的規定に対応する形相的部分のほかに、それの素材となるものがあることを注意しなければならなかった。彼はこのことを人工物である家について説明し、論理的抽象的には、それはわれわれを掩護して、風雨寒暑からの被害を防ぐものであるというような定義だけで足りるかも知れないが、具体的実際的には、石や瓦、木材などから成るということを附言しなければならないようなものだとしている。*

* Aristoteles, *De anima*, I. 1, 403b3 sqq.

しかしながら、自然物について、その素材的な要素に注意することは、タレスの水に始まって、すべての自然学者がこれを試みているのであるから、アリストテレスの指摘は別に珍しいことではない。むしろこれと形相を結びつけることが、新しい努力なのである。しかし定義に対応するこの形相は、簡単にそこに与えられていたのではない。これは全く別方面のソクラテスの問い、すなわち勇気や正義についての「何」という問いから、プラトンの思考を通じて、はじめて見出されたものなのである。それは素材に対する形相というようなものではなくて、ソクラテスの求める問いに対して、それの答えとして、われわれの知に対応する形で、独立に見出されたものなのである。プラトンのこのイデア、もしくはエイドスは、アリストテレスのエイドス（形相）と、言葉は同じであっても意味は必ずしも同じではない。それは素材と相補い合うような、相関者としては考えられていないからである。しかしまた両者の結合は、既にプラトンによって準備されていたとも考えられる。

プラトンの『ティマイオス』においては、生成物であるこの宇宙は、自然学者が無反省にそれ自体において独立させているようなものとは異なり、それが知識や技術に対応する仕方で構成されているものと見られているからである。つまりコスモス（宇宙の秩序）を形成するものとしての、アナクサゴラスの「ヌゥス」が、そこでは積極的に取り上げられているのである。そして自然学者の説明においても、パルメニデスの論理が同時に考えられねばならなかったのと同じように、いまも自然は、単にそれ自体であるのではなくて、いつも論理的な規定を帯びるものとして考えられなければならないのである。プラトンは国家社会に対しても、改革の強烈な意志をもっていたが、自然に対しても知性の支配を積極的、能動的に意志していたと言えるかも知れない。

アリストテレスの形相・素材による自然の説明は、プラトンのこの意欲的な自然把握から、その強烈な意志を引き去った残物のようなものだと言えるかも知れない。それは自然学者の自然への後退として、素材の強調という現われ方をしているが、一旦確立された論理的形相の支配という刻印はもはや消えないのである。そしてあらゆる形成において求められる完全性の理想、すなわち善美なるものは、宇宙の形成においても支配原理となる。アリストテレスの自然説明における一種の目的論は、それの残映と見ることができるだろう。

7　哲学者の系譜

われわれはこのようにして、古代哲学の全体を、ほとんど分断を許さない一全体として考えなければならない。そして思想のつながりをたどるとなると、その筋は幾重にもなって、相互に密接に結びつき、それぞれの局面に関しては、論理の内在的展開を認めなければならなくなる。しかし全体を、そのような論理で料理してしまうことは困難である。パルメニデスとか、ソクラテスとかいう天才の独創は、これを他から導出するような仕方で説明することはできないからだ。そしてこれらの着想を受けて、これを発展大成させる仕方にも、やはりそれぞれに他の天才的な独創があると考えなければならない。

哲学の歴史は、芸術の歴史と同じように、他面においては、いつもこのような各個人の物語なのである。だから、哲学史はむしろ個人別の列伝体哲学史を本道とし、いかなる問題史、いかなる概念史も、この個性的要素を消してしまうことはできないということにもなる。また従って、古代哲学の概観も、このような思想的英雄の登場を、一定の順序に従って総目録の形で伝えるのが、一番正直なやり方だということになるかも知れない。部分的な問題や傾向で括ることは、それぞれの局面にはうまく合っても、全体としては一面的な抽象となり、見落しや切りすてがいろいろ出て来て、概観は綜観でなくなってしまうからである。

ちょうどその点では、今から千八百年近くも以前に書かれて、十九世紀の哲学史家たちが現われるまでは、他のすべての哲学史の手本、あるいは種本として利用されて来たディオゲネス・ラエルティオスの、『有名哲学者の生活と意見』〔加来彰俊訳『ギリシア哲学者列伝』全三冊、岩波文庫、一九八四—九四年〕の「序説」に、人物中心の古代哲学概観が与えられているから、それをわれわれのために利用してみるのも悪くはないだろう。

そこでは、*哲学は二つの系統に分けられている。一つはアナクシマンドロスに始まるイオニア派の系統で、他はピュタゴラスを始祖とするイタリア派の系統である。アナクシマンドロスはタレスの弟子であるから、イオニア派はタレスから始まると言ってもよいわけであるが、ディオゲネス・ラエルティオスは、哲学者の先に賢人をおいて、タレスをその一人に数えてしまったので、哲学の方はアナクシマンドロスから始まることになったわけである。そしてこのイオニア派は、流派が三つに分れて、アカデメイアのクレイトマコス、ストアのクリュシッポス、リュケイオンのテオプラストスに至るというふうに言われている。イタリア

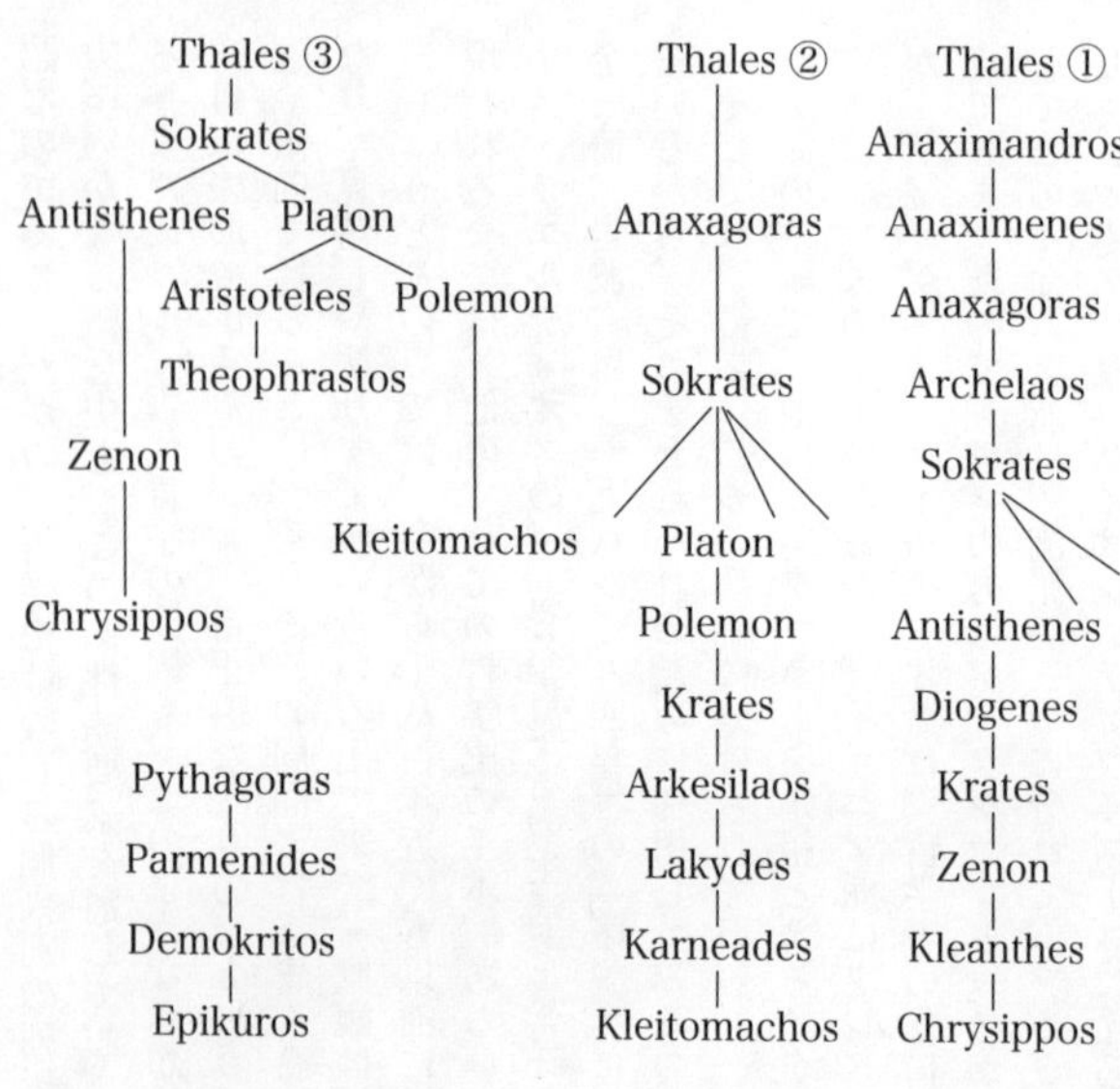

派の方は、単線でエピクロスに終るということになる。ディオゲネス・ラエルティオスでは、これらの哲学者の流派は、師弟関係をたどることによって、ちょうど家系図のような形にまとめられている。いまタレスからクリュシッポスまでの系統を、一例として図表で示すと①のようになる。

＊ Diogenes Laertius I. 13-15.

これがタレスからクレイトマコスの系統だと、ソクラテスまでは同じことであるが、②のようになる。そしてイオニア派、イタリア派の二つの系統を重点的に示すとすれば、③のようになる。

この系図は、かなり包括的に、セクストス・エンペイリコス（Sextus Empiricus）に至るまでの、古代哲学者のほとんど全部を含んでいるのであるが、部分的にはかなりの無理が出ている。ソクラテスをアルケラオスの弟子として、タレスの系統に入れているけれども、しかしソクラテスが、アルケラオスの講義を聴いたことがあるとしても、それがプラトンやアンティステネスをソクラテスに結びつけるのと同じような、内面的思想的なつながりとなっていたかどうかは、全く疑問と言わなければならない。だから、タレスとクリュシッポス、クレイトマコスとの系統上のつながりは、全く形式的で、ごく危い稀薄な線でつながっていることになる。そしてそのような危さは、ピュタゴラスとエピクロスをつなぐ系統において、いっそう大であり、ディオゲネス・ラエルティオスの第九巻は、そのような混乱を極端な形で示しているとも見られるだろう。

事実、ヘラクレイトス（Heraclitus）、プロタゴラス（Protagoras）、ピュロン（Pyrrho）などは、どうしても系図のなかにうまくは入らないのである。

8　哲学史的理解の手がかり

このことは何を教えるかと言えば、哲学史は哲学者の歴史であるとしても、その哲学者たちを整理することは、また別の仕事だということである。分類整理ということだけで言えば、ディオゲネス・ラエルティオス*も、ドグマ（教説）をもつ者と、ドグマをもつまいとする者、すなわちDogmatikoiとEphektikoiとを区別し、さらにドグマをもつ者について、道徳説の相違らしきものを主として、十の学派の名を挙げたりしているから、そういう区別を用いることもできたわけである。しかし彼は、師弟関係の一部にこれを用いて、プラトンを古アカデメイア、アルケシラオスを中アカデメイア、ラキュデスを新アカデメイアのはじまりとしたり、プラトン、アンティステネス以外のソクラテス派を一括して取り扱ったりするだけで、歴史の大筋をたどるのにはそういう区別を用いていない。そのようなものは歴史を分散させるだけで、連続はやはり師弟関係をたどるほかはないからであろう。哲学者をドグマ派と反ドグマ派の二大陣営に分けてみても、それはイオニア派とイタリア派の系統分けほどにも、歴史の理解には役立たないからである。つまりドグマ派内部のいろいろな相違と歴史は、このような区別だけでは捉えられないからである。

＊　Diogenes Laertius I. 16-17.

近頃の俗書でも、イオニア派とイタリア派の区別を、科学派と神秘派、あるいは唯物論と観念論というように色づけして、哲学の歴史が唯物論や科学の勝利への進軍であるかのように宣伝したりしているものがあるけれども、無論、このような子供だましは、歴史とは無関係であるし、また歴史の理解にとっても、何の意味もないのである。なぜなら、そのような単純な概括の外にはみ出してしまうのが、まさに歴史というものだからである。

しかしわれわれは、歴史に近接するために、できるだけ多くの手掛りを必要とするのである。だから、外部的な公式の押しつけは無用だけれども、彼らの側に見出される学派の区別や、師弟関係、あるいは既に見られたような、彼ら自身の問題などを手掛りとして、綜合的にこれを用いるようにしなければならない。歴史の真の把握は、そのような綜合から生まれて来るのである。しかし綜合と言っても、それは万遍なく平均的にというのではなく、ものによって差異がある方がいいわけである。

アリストテレスまでの哲学は、どちらかと言えば、各個人について見る方がよく、アリストテレス以後の哲学については、むしろ学派別の取扱いが適当だと思われる。いわゆるソクラテス以前の哲学者は、それぞれに個性的なのであるが、しかし彼らをわれわれは直接に知ることがむつかしく、むしろソクラテスの場合と同じように、主としてプラトンとアリストテレスの証言、あるいはアリストテレス学派の報告を通して知るよりほかはないのである。

だから、われわれはまずプラトン、アリストテレスの古典哲学を理解することに努め、その全体のうちからソクラテスやソクラテス以前の哲学を取り分けるようにしてもいいわけである。大宇宙と小宇宙と、その間の国家社会との対応、その生成と秩序の原理、しかもそれの完成を制約する反原理的なものの抵抗など、プラトン哲学の主題となっているものは、すべてまた先行の諸哲学やアリストテレスの哲学にも共通する問題と見られるからである。われわれ自身のこの世における幸福と死後の運命が、国家社会の正しいあり方と、宇宙の秩序にいかに対応するかというようなことは、プラトンの哲学を頂点として、古代哲学共通の問題になっているとも言えるだろう。

無論、アリストテレス以後の哲学では、例えば新プラトン派に見られるように、国家社会の問題はほとんど消えてしまって、プラトンの哲学のうちでも上部的な構造に属するものだけが残され、イデアの世界と善の超越が、われわれとこの世界の「たましい」に結びつけて考えられることが主になるというふうに、いろいろと違った点が出て来ることを認めなければならないだろう。ポリスの自由独立が失われて、広域支配の必要から生まれた専制政治が政治を超越的なものにしてしまったので、哲学の関心も政治からへだてられてしまったのだとも見られる。哲学はいまや学校の仕事となり、アレクサンドレイアの図書館というようなものが、文献注釈の研究をも発達させたので、哲学は学派的論争の刺激もあって、専門家的あるいは学校的（講壇的）な一面を強くして来たとも見られるだろう。

しかしこれについて詳説することは、今のわたしの仕事ではない。古典期の哲学、ヘレニズム時代の哲学、教父哲学などは、また別に取り扱われるのであり、この概説はそれらに代わる要約ではなくて、ただそれらへの前奏として、いくらかの注意を喚起することができれば、役目はすんだことになるのだと思う。

古代哲学 二──文献解題を主とした研究入門

1 古代哲学研究の意味

古代哲学の研究は、古代の哲学について、現在われわれに与えられている資料の許す範囲で、できるだけ正確な知識を獲得し、その結果を一般哲学研究者の理解と利用に供するというのが、その主要な仕事であると言うことができるであろう。

従ってわれわれは、古代哲学を研究するのに、まずどのような資料が、どれだけ与えられているかを知らなければならない。またその資料をどのように取り扱い、そこからどのようにして、古代哲学についての正しい知識を取り出すことができるかということを学ばなければならない。この限りにおいては、古代哲学の研究は純然たる歴史学の領域に属するのであって、その研究法も、厳密に実証的でなければならない。そしてその資料は、大部分が文書であるから、われわれはこれらの文書について、古文書学が教えるところの、一般的な知識をもたなければならないし、またこれらの専門家の助力を仰ぎ得ることが望ましいであろう。またそれらの文書の内容は、いずれも古代ギリシア語もしくはラテン語で書き記されているから、これを利用するためには、これらの語学を必要とするわけである。

特殊な研究家のためには、更にアラビア語やヘブライ語の知識も必要になる。そして古代哲学の専門的な研究者となるためには、少なくともギリシア語については、また一個の専門的な語学者でなければならない。われわれは英語の専門的な知識をもたない英文学者や、ドイツ語のよく分らないドイツ哲学研究者などというものを、専門家として信用することはできない。われわれは古代哲学の研究者として、古典言語学あるいは文献学と呼ばれるものの、厳しい訓練を受けなければならない。

しかしながら、フランス語を知っているからといって、フランス語で書かれているものは、何でも分るというわけにはいかない。古代哲学の理解は、ギリシア語やラテン語を読むということと同じではない。古代哲学の研究者は、その研究結果を一般の哲学研究者の理解に供することを、またその大切な仕事としてもつものでなければならないが、このためには哲学そのものの理解が必要である。そしてこの理解が、また古代哲学の理解となるのである。

簡単に言えば、古代哲学の研究者が、その研究結果をどの程度まで、一般に理解させることができるかということが、またどの程度まで彼自身が、古代哲学を理解したかということなのである。古代哲学の研究者は、その研究が進むに従って、彼自身が哲学的に成熟しなければならない。このような哲学的成長が伴わなければ、古代哲学を勉強しても、古代哲学は分らないことになる。古代哲学の理解にとって必要とされる、哲学そのものの理解とは、このような哲学的成熟にほかならないのである。それをもし古代哲学の研究とは全く別に、何か哲学そのものの理解というようなものがあると考えて、これを哲学概論や流行哲学の解説のうちに求めても、恐らく得るところはあまりないであろう。

無論、われわれは現代に生きているのであって、現在の世界のいろいろな出来事は、好むと好まざるとにかかわらず、絶えずわれわれに影響を及ぼしている。われわれはわれわれと同時代の人間が考えたり、感じたりしていることに対して、無関心ではあり得ない。否、われわれは現在の実生活が生み出す、いろいろな困難によって、われわれのほとんど全心をこれに傾けているのであって、われわれの考え方も感じ方も、現代の哲学や科学や芸術や宗教の、いろいろな動きにまず最も多く共鳴すると言うことができるであろう。

われわれは好むと好まざるとにかかわらず、現代の人間なのであって、古代哲学の理解といっても、われわれは現代の立場を離れることはできない。否、われわれは現代の新しさによって、古代哲学についても新しい発見をするのである。この限りにおいて、古代哲学を理解するために必要とされる、哲学そのものの理解は、われわれの現代的な立場において準備されなければならないとも言える。

しかしながら、古代哲学はわれわれの現代的解釈によって照し出されるために、ただ与えられているというだけのものではない。古代哲学は現代的解釈のうちに解消されてしまうものではない。古代はあくまでも古代であって、現代ではない。

そしてわれわれは、この差異によって、逆にまたわれわれ自身とわれわれの時代について、新しい発見をすることができるのである。理解は交互的であって、古代が現代から一方的に解釈されるだけなのではなくて、現代がまた古代によって理解されるのである。すなわち現代を知ることが、また古代を知ることであり、古代を知ることが、また現代を知ることなのである。この意味において、われわれは現代に生きているからといって、必ずしも現代を知っていはしないのである。逆にまたわれわれの古代哲学研究が、われわれに現代を見る眼力を与えなかったとしたら、われわれの勉強は無駄であったと言わなければならない。われわれにとって哲学そのものの理解は、このような交互理解として成り立つと言うことができる。

しかしながら、このような交互理解が成り立つためには、古代はあくまで古代として、現代からの正しい距離において把握されなければならない。現代的な好みに従って、古代のうちから都合のいいものだけを選び出して、勝手な古代像をつくり上げるようなことは、厳にこれをいましめなければならない。いわゆる公式論の機械的適用のごときものによっては、古代も現代も理解されはしないであろう。彼らは自分の好みの文句を同語反覆するだけで、ほかに何も知ろうとはしないのである。

しかし、われわれは、つねに新しい事実を実証的に知ろうとするのである。この点に関してわれわれは、むしろ歴史学の初歩的な原則に、あくまでも忠実でなければならない。実際の証拠によって確かめられない事柄については、われわれはつねに問題をのこしておかなければならない。

わが国の西洋史研究においては、直接に歴史資料を取り扱うための、必要欠くべからざる学問の訓練がなおざりにされていて、かえって基礎薄弱な解釈歴史学のごときものが普通になっているけれども、古代哲学の研究に関する限り、このような変態は許されなくなっている。古代哲学において、われわれの恣意的解釈を受けつけないような、事実の一面が確かめられて行く時、われわれはまた現代に対しても、新しく見る眼を開かれることになるのであろ。そしてこのような交互理解によって、われわれは現在に束縛された、狭い視野をつき破って、哲学そのものの理解を深め、真に普遍的なものの認識にも近づき得るのではないかと思われる。

のみならず、古代哲学がわれわれにとって有意味なのは、単にそれが現代のものと異なるという点だけにあるのではない。古代哲学は実質的にはギリシア哲学なのであるが、ギリシア人の天才が生み出した他の多くのものと同じように、それは今日の欧米文化の源泉をなすものであり、世界文明の根幹にあるものと考えなければならない。一切の歴史的所産が、その根源に溯って理解されなければならぬとすれば、われわれは哲学を歴史的に把握するために、まずその始源に溯って、ギリシア哲学から出発しなければならないであろう。

古代哲学についての知識は、あらゆる哲学研究の前提となっていて、ギリシア哲学者の名前は、一般哲学研究者にとって、いずれも常識的に知られている。その歴史的に重要なことからいって、古代哲学の研究は、一般の哲学研究者にとって、つねに必要であると言わねばならない。しかも更にまた、その歴史的重要性は、たまたまそれが哲学史のはじめをなしていたというような事情だけで考えられるものでもなかったのである。いわゆる古典としての重要性は、それが一回限りの歴史的時所においてのみ重要なのではなく、絶えず繰り返し、模範として仰がれて来たというところに、その重要性をもっていると言うことができるであろう。

古典ギリシアの哲学、すなわちタレスからアリストテレスに至る哲学の発展は、古代市民国家の地盤の上に、外力の干渉を受けること少なく、自由にまた自然に行なわれて来ているのであって、われわれはそこに、思想の多くの可能性が、宗教的ドグマや政治的権力に抑圧されることなしに、かなり極端なところまで、展開させられているのを見ると言うことができるであろう。思想が自由に発展させられ、思想実験が比較的完全に行なわれるための、理想に近い条件は、古代ギリシア以外において、まだ充足されていないと言っても、それほど言い過ぎにはならないであろう。

無論、ギリシア人社会にも、多くの迷信があり、いろいろな偏見が行なわれていたことは事実であり、ギリシア哲学者自身も、そのようなものから全く自由であったとは言われないのであるが、しかし思想家が、自己の意志に反して、一定の思想を強要されるというようなことはなかったと言うことができるであろう。言論と思想の自由は、思想が充分に発展させられるための、大切な条件であると言わなければならない。ギリシアの天才は、そのような比較的めぐまれた条件の下に、大胆に思想を発展させることができたのである。失敗も成功も、自己自身の力の限りにおいて得られたのである。

これはわれわれにとっても、貴重な実験であったと言わなければならない。われわれはどこまで自由に考えることができるであろうか。われわれは力比べの相手として、いつもギリシアの天才たちに挑戦することによって、実に多くのものを学ぶであろう。

既に見られたように、われわれの哲学的理解は、われわれと異なるものを見出すことによって深められねばならなかったのであるが、それはまたかくのごときものを相手とする、ひとつの力比べ、あるいは問答（ディアレクティケー）にほかならないのである。この限りにおいて、われわれはよき相手を選ばなければならない。古代哲学はその歴史的重要性において、また古典的意義によって、われわれの勉強を必要とするものであるが、更にまたそれ自体において、われわれの哲学的成長のための、充分な相手であると考えられる。われわれは古代哲学の研究によって、哲学そのものの理解を深め、われわれ自身がそれだけでも、充分哲学的に成熟し得ると考えたのは、まさにこのためだったのである。そしてこのような哲学的成熟なしには、古代哲学そのものの理解もまた不可能であることは、既にまた言われた通りなのである。

2　古代哲学の概観

古代哲学史、あるいは一般の哲学史が、タレス（前五八五年）をもって始まるとするのは、アリストテレス『形而上学』第一巻第三章（九八三b二〇）以来の慣わしである。無論、ひとは自分自身の理由にもとづいて、もっと別のところから哲学の歴史を始めることもできる。しかし今までのところ、まだそのような試みは一般化されていない。

古代哲学の終りについては、五二九年にユスティニアヌス帝が、アテナイにおける哲学の授業を、勅令をもって禁止したという事件が、ひとつの標識として用いられている。事実としては、この禁令が直ちに古代哲学そのものの終焉とはならなかったらしい。アテナイの哲学者たちは、身をペルシア王のもとに寄せることによって、なおその哲学的活動をつづけることができたし、ペルシア王とユスティニアヌス帝との間にひらかれた外交交渉の結果、後にまたアテナイに帰った者もあると言われている。

しかしとにかくこの事件を契機として、哲学の中心はヨーロッパを離れて、シリアやアラビアの地に移り、それが次の世紀（六二二年から七一二年）において、アラビアからシリア、ユダヤ、エジプト、スペインに及んだ、回教徒たちの間に地盤を得て、なおひとつの開花期をもつことができたことを認めなければならないであろう。そしてこれが中世哲学や近世ルネサンスのために、重要な意味をもっていることを知らなければならない。しかしながら、これはヨーロッパの出来事ではなかったのである。

東ローマ帝国の首都であったビュザンティオン（今日のイスタンブール）は、欧亜を席巻しようとする回教徒の、怒濤のごとき進撃に対して、ヨーロッパの東の関門となり、これを食い止めるための、ヨーロッパ文化の城塞となって残ったけれども、ユスティニアヌス帝の禁令に見られるような思想政策の下では、哲学の精神は全く衰えてしまった。そして他方また西ヨーロッパにおいても、四七六年の西ローマ帝国滅亡に見られるような混乱が、やがて三百年間の暗黒時代をもたらすこととなり、哲学は無論のこと、東ヨーロッパのビュザンティオンにおいては、なお僅かに命脈を保つことのできた、古代文化の名残りさえも、ほとんど認めることができなくなったのである。

西ヨーロッパにおける、最後の代表的哲学者はボエティウス（Boetius, A. D. 480-525）であった。そしてそれ以後には、かのスコトゥス・エリウゲナ（Scotus Eriugena, A. D. 810-880）の出現を見るまで、ほとんど哲学者らしい者の名前を聞くことができないのである。ギリシアの市民国家（ポリス）と後のローマ帝国を地盤とする、地中海人の哲学に関する限り、われわれはそれが始めと共に、また終りをもつことを、事実として認めなければならないであろう。

無論、その哲学的生命は、さきに見られたように、回教徒文化のうちに持続発展せしめられたし、またその刺戟の下に、西ヨーロッパにおいても、また東ヨーロッパにおいても、なお消滅をまぬかれることのできた文書のなかから、いわば眠りを覚まされた者のように、ふたたび生命を取り戻すようになるのである。このようなルネサンスは、中世のはじめから存続し、やがて近世初期において開花するのである。われわれはこのようなルネサンスと共に、絶えず生命を新たにするところの古代哲学なるものを、現代においても認めることができるであろう。

しかしながら、そのように再生して来るもとのものとして、古代哲学は一たびは死ななければならない。この限りにおいて、われわれは古代哲学の終焉を、かの古代社会の没落と共に、一応は認めておかなければならないであろう。

このような古代哲学の歴史は、かくて紀元前六世紀から紀元後六世紀に及ぶ、およそ千百年余の長期にわたるものであることが知られる。それはギリシア人市民国家のうちに起り、大体はローマ帝国の崩壊と共に終っている。このうちギリシア市民国家を地盤として、その上に展開されるのが、タレス（前五八五年）からアリストテレス（前三八四―三二二年）に至るまでの、本来のギリシア哲学である。

それは小アジアの西海岸における、イオニアのギリシア人たちの間に起り、ついで南イタリアのギリシア人市民国家に伝わり、これがやがてギリシア本土のアテナイにおいて合流し、その最大の開花期をもつようになるものである。ところが、ここまで連続発展して来た古代哲学は、アリストテレスの死と共に、潮流を変えるようになる。それはまた政治史の変化とも対応するものであった。アリストテレスを家庭教師にしたと言われる、マケドニアのアレクサンドロスは、やがてギリシア市民国家の限界を打破して、ヨーロッパとアジアにまたがる、ひとつの世界帝国を建設したのである。彼はアリストテレスが政治哲学や道徳哲学において、人間生活の基本と考えていた、古来のギリシア市民国家の生活様式を、根本において不可能にしてしまったのである。

アレクサンドロスとアリストテレスは、相前後して（前三二三年と前三二二年に）この世を去って行ったが、彼らはいずれも歴史の重要な転換点に立っていたのである。アリストテレスの死後において、アテナイにはストア、エピクロス、ピュロンなどの新しい学派が現われて、これらが哲学の主流をなしたのであるが、この新学派はいずれも、政治哲学から分離したかたちで、個人の倫理を追求するものであった。それは市民国家（ポリス）のよき一員であることが、また人としてもよき人であるというような、アテナイの政治的全盛期の考え方とは、およそ異なる方向のものであったと言わなければならないであろう。

無論、これらの方向はプラトン、アリストテレスの時代においても、市民国家の崩壊を内部的に準備するような、当時の国家社会の実情を反映して、既に小ソクラテス派の人々によって指向されていたと言うこともできるであろう。しかしこのような実情と傾向に対しては、むしろ反動的な激しさで、プラトンがポリス中心の立場を徹底させることを主張していたのである。そしてアリストテレスも、ずっと穏健なかたちにおいてであるが、やはりプラトンの弟子として、人間の存在とそのよき生活とを、いつもポリスと結びつけて考えることを忘れなかったのである。

ところがいまやアレクサンドロスの出現によって、市民国家はその実体を失い、人間存在にとっての重要な意味をもたないことになってしまった。人々がプラトンやアリストテレスの教説よりも、ストア派やエピクロス派やピュロンの徒の主張のうちに、自分たちの生きる途を学んだとしても、それは不思議なことではなかったと言わなければならない。

いまや哲学は、依然としてギリシアの言葉とギリシアの観念で考えていて、ギリシア文化の伝統はそのまま受けつがれているように見えるけれども、それらを生み出した市民国家の地盤は、失われてもはやなかったのである。それはちょうどその言語が、それぞれの市民の言語であることをやめて、どこの国家、どこの地方にも共通して用いられる、共通ギリシア語（コイネー）となったようなものである。その文化はギリシア的ではあるが、ポリス的ではなく、その限りにおいて、また純ギリシア的ではなかったとも言われるであろう。強いて言葉の区別をつけるならば、その文化は Hellenistic ではあるが、Hellenic ではなかったと言えるかも知れぬ。

ところで、アリストテレス以後の哲学は、最初なおアテナイを中心として、今までと少しの違いもないような外形で続けられて来たのであるが、それはアレクサンドロスの死後においても、ギリシアにとってのプロシアとも言うべきマケドニアの将軍たちが、依然としてギリシア風の文化や生活様式をもって、アレクサンドロスの残して行った大帝国に君臨していた事情に対応するものと見ることができるであろう。

アレクサンドロスの帝国は、マケドニア、シリア、エジプトを中心に三分されて、アンティゴノス、セレウコス、プトレマイオスの諸家が、互いに対立しながら、これを統治したのである。そしてこれら勢力の均衡がつくり出す、一種の政治的安定を背景にして、ストアやエピクロスや懐疑派の哲学が、一応の形をととのえることができたのである。のみならず、エジプトのアレクサンドレイアにおいては、プトレマイオス家の保護の下に、アリストテレス系の諸学科研究が盛んになり、数学・自然学・文献学などの黄金時代を現出することになったのである。

しかしながら、この安定は、西地中海を統一したローマが、更に東地中海に進出し、これをその支配下におこうとするようになると共に、たちまち崩れなければならなくなる。かくて哲学の諸派も、その議論の盛んなのは、紀元前三世紀一杯のことで、アリストテレスの死後一世紀半足らずの間である。そしてアレクサンドレイアの黄金時代も、紀元前一六八年にエジプトが独立を失うと共に、その幕を閉じねばならなかった。

そして既にこれより先、紀元前二〇〇年から一八九年にかけて、マケドニアやシリアがローマの支配に屈し、これによって一時マケドニアの支配から解放されたかのように見えたギリシア諸都市も、紀元前一四六年にはコリントスが破壊され、紀元前八六年にはアテナイがローマの武将スッラによって攻囲されたのである。そしてこのような政情の下にあっては、哲学の中心地はロドス島に移らねばならなかった。

ロドス島は、アテナイがデロス同盟を牛耳っていた時にも、比較的独立の地位を占めていたが、その後のアレクサンドロスの後継者たちの対立においても、中立的な地位を保ち、後にはペルガモンと結んで、早くからローマと友好関係を結んでいたのであって、この地から出たパナイティオス（Panaetius, 180-110 B. C.）、ポセイドニオス（Posidonius, 135-51 B. C.）などの哲学者は、いずれもローマ人名士のうちに、多くの弟子や友人をもったのである。

かくて、ローマは武力をもって、地中海沿岸の世界を統一することになるのであるが、しかしギリシアの文化は、逆にローマを征服し、それが地中海世界に君臨するという、ギリシア・ローマ時代なるものが始まることになる。そしてストア派やエピクロス派や懐疑派の哲学が、ローマ帝国の地盤の上に再び花を開き、プラトンやアリストテレスの研究が、大規模に復活されることになる。従ってわれわれは、エピクロス派のごとく比較的変化の少ない学派は別であるが、ストア派や懐疑派においては、アリストテレス直後のそれと、ローマ時代のそれとを区別して考えなければならないのである。

しかしながら、これらの哲学は、既にアレクサンドロスの後継者の時代に始められた哲学であるから、ギリシア・ローマ時代の特色を示すものとしては、むしろプロティノス (Plotinus, A. D. 205-270) を代表者とする新プラトン派の哲学、およびアウグスティヌス (Augustinus, A. D. 354-430) を含むキリスト教のギリシア・ラテン教父の哲学を考うべきであり、これらの源流として、アレクサンドレイアのユダヤ人学者たちの仕事を重要視しなければならないであろう。

プロティノスおよびアウグスティヌスの哲学は、ある意味において、古代哲学の総決算を示すものとも見られるであろう。そして九世紀に始まる中世哲学は、これら古代哲学の結末に接続し、その復活を次第に古代のはじめに溯ることによって、近世ルネサンスの哲学となるというふうにも見ることができるであろう。

キリスト教哲学について言えば、その教理の大本は、古代において、地中海人によって既に一応完成されていたのであって、中世スコラ哲学は、これを西ヨーロッパの、新しい人種の地盤の上に復活したものとも見られるであろう。キリスト教思想と中世哲学とを同一視するようなことは、必ずしも正確な見方とは言われないように思われる。キリスト教哲学は、それ自身に古代、中世、近世、現代の歴史をもつと言うべきであろう。

以上にのべたところに従って、古代哲学の大体を区分すると、次のようになる。

A　タレスからアリストテレスまで（前五八五年から前三二二年まで）

イ　イオニア・イタリア時代（タレスからレウキッポス、デモクリトスまでを含む）

ロ　アテナイ時代（ソフィスト、ソクラテス、プラトン、アリストテレスなどを含む）

B　アリストテレス以後（前三二二年から五二九年頃まで）

イ　ギリシア中心時代（前期ストア派、エピクロス派、ピュロン派などを含む）

ロ　ギリシア・ローマ時代（パナイティオス、ポセイドニオスから、ボエティウス、シンプリキオスなどまでを含む）

このうちA　イのイオニア・イタリア時代は、またソクラテス以前と呼ばれることがあるけれども、年代的には正確な呼び名と言い難い。またB　イのギリシア中心時代は、科学史や文学史の方では、アレクサンドレイア時代と呼ばれることがある。

3 古代哲学史一般

古代哲学史としてはまず、

Ed. Zeller, *Die Philosophie der Griechen in ihrer geschichtlichen Entwicklung*, Tübingen, L. F. Fues, 1844-52.

の名を挙げるのが一般の習わしになっている。全体は三部に分れている。すなわち Erster Teil, erste u. zweite Hälfte の二巻は Allgemeine Einleitung と Vorsokratische Philosophie を取り扱い、最終版は六版で、F. Lortzing と W. Nestle の手が加えられている。七版以下は同じものである。

Zweiter Teil は erste Abteilung が Sokrates u. die Sokratiker と Platon u. die alte Akademie を取り扱い、最新版は五版で、E. Hoffmann が Anhang を書いている。これの zweite Abteilung は *Aristoteles u. die alten Peripatetiker* で、最近の五版まで、他の人の手は加えられていない。

Dritter Teil, erste u. zweite Abteilung の二巻は *Die nacharistotelische Philosophie* と題され、四版には Ed. Wellmann の手が入っている。

この書物は、古代哲学の全般にわたって、それぞれの哲学を根本的に取り扱っているから、必要な部分について、知りたいと思うことをしらべるのに便利である。しかしながら、ツェラーの解釈がいつも正しいとは言われないのであって、新版では新しく他の人の手が加えられている。プラトンやアリストテレスの場合には、そのことが断念されている。根本的な解釈については、他の人が手を加えることができないからである。第二部第一分冊におけるエルンスト・ホフマンの記述は、この点を明らかにしている。従って、この書に記されていることを、絶対的な権威として受け容れることは危険である。しかし古代哲学全体を取り扱ったものとしては、本書がやはり随一で、比較的永い生命をもっているゆえんも、この書物を利用する者にとって自然に理解されるであろう。

なお本書には S. F. Alleyne, O. J. Reichel, B. F. C. Costelloe, J. H. Muirhead などの分担による英訳と、Ém. Boutroux による第一部、G. Belot による第二部第一分冊の仏訳がある。

このほかに、

Fr. Ueberweg, *Grundriss der Geschichte der Philosophie*, Erster Teil: *Die vorchristliche Zeit*, Berlin, E. S. Mittler, 1863; 12 Aufl., Berlin, 1926; Neudr., Basel, B. Schwabe, 1953.

が、やはり必要の知識を引き出すのに便利である。特に文献の詳細を知るのには、この書によらねばならぬ。従って、そのためには新版の方がよい。新版は一二版で、K. Prächter が手を加えている。

しかしながら、これらの書物は、初学者が古代哲学の概要を知るために通読すべきものとしては、必ずしも適当ではない。これらはむしろ専門家によって利用される方が多いとも言える。初学者のためには、いろいろの書物があるけれども、まず

R. W. Livingstone (ed.), *The Legacy of Greece*, Oxford, Clarendon Press, 1921 のうちの J. Burnet, Philosophy.

E. Hoffmann, *Die griechische Philosophie von Thales bis Platon*, Leipzig, B. G. Teubner, 1921.

などが、簡単で面白いかも知れない。しかしこれらの書物は、著者個人の色彩が強く出ているから、もっと平凡なものを取れば、

R. B. Appleton, *The Elements of Greek Philosophy*, London, Methuen, 1922.

などが、親切で上手に書かれている。このほかに、

J. Burnet, *Greek Philosophy*, Part 1: *Thales to Plato*, London, Macmillan, 1914〔神沢惣一郎訳『ギリシァ哲学』理想社、一九五五年〕.

なども、少し高級であるが、上手に書かれているので、面白く読める。ただし、バーネット説の主張が強く出ているから、そのソクラテス、プラトンの取り扱いには、問題があることを知らねばならない。以上の四つは、いずれもプラトンやアリストテレスで終っているので、古代哲学全般について書かれたものとしては、

A. Rivaud, *Les grands courants de la pensée antique*, Paris, A. Colin, 1929.
L. Robin, *La pensée grecque et les origines de l'esprit scientifique*, Paris, Renaissance du livre, 1923; Nouvelle édition avec une bibliographie complémentaire par P.-M. Schuhl, Paris, A. Michel, 1963.
W. Windelband, *Geschichte der antiken Philosophie*, München, Beck, 1912.
A. Gercke, *Geschichte der Philosophie*, 4 Aufl. besorgt von Ernst Hoffmann, Leipzig, B. G. Teubner, 1932.

などが手ごろであろう。

しかし古代哲学の専門家たちの仕事は、それぞれの部分に専門化されている。全体の見通しが、必ずしも全体に行き渡っているとは言われないかも知れぬ。哲学的な興味では、

W. Windelband, *Lehrbuch der Geschichte der Philosophie*, Tübingen, J. C. B. Mohr, 1890〔井上忻治訳『一般哲学史』全四巻、第一書房、一九四一年〕.

の古代の部分が面白いであろう。しかしこのような興味だけで歴史的事実を簡単に取り扱い過ぎてはいけないと思う。

このほかにも、古代哲学史はたくさんある。前記ロバンの著（L. Robin, *La pensée grecque et les origines de l'esprit scientifique*）には、要領よく文献が挙げてあるから、必要があるならそれによって他のものを読むのもよいであろう。ロバンの著には、M. R. Dobie の英訳（*Greek Thought and the Origins of the Scientific Spirit*, London, Kegan Paul, 1928）も出ている。

しかしながら、古代哲学史ばかり幾冊も読んだところで、古代哲学の勉強にはならない。無論、古代哲学の研究というようなものには少しもならない。自分でプラトンとかアリストテレスとかを直接読んで、いろいろ分らないことにぶつかり、それの解決を求めて、他の哲学史なり、研究なりを調べる時に、それらの書物がそれぞれの仕方でわれわれに役立ってくれるのである。専門の研究家でなくても、古代哲学者の考えそのものに、少しでもできるだ

け直接的な方法で触れてみる方が、間接的な紹介や記述では得られない、何か大切なものを会得する機会が多いと思う。

ギリシア哲学の何であるかを理解するのには、ツェラーの哲学史を読むよりも、ディオゲネス・ラエルティオス（後出）を読む方がよいというようなことを言ったのは、たしかニイチエではなかったか。これは極端な言い方ではあるが、如上の消息を伝えるものとして、一面の真理を認めなければならない。他面またよき哲学史は、われわれがそのようにして会得したものを、自分一個の独了見に終らせないために、比較吟味する上において、はじめて真価を発揮して来るのである。

4　古代哲学研究のための補助知識

かくて、古代哲学史というようなものも、古代哲学を研究しようとする者にとっては、補助手段というような意味をもつ場合が少なくないのである。しかし古代哲学の研究は、なお外にも多くの補助知識を必要とする。われわれはそれらのすべてを、研究に先立って一応みな心得ていなければならぬというようなことはないけれども、研究の間にこれらの知識を得ることは、極めて有益なことであり、必要に応じて、補助科学から助力を仰ぐ方法を、一応心得ておかねばならないであろう。次にそれらの知識を得るに必要、もしくは便利な書物を紹介しておきたい。

まず古代の文物について、百科辞典のようなものが必要である。詳細な学術辞典としては、

Paulys Real-encyclopädie der classischen Altertumswissenschaft, hrsg. von Georg Wissowa, Neue Bearbeitung, Stuttgart, J. B. Metzlersche, 1894-.

がまず挙げられなければならない。初版は一八六四年に出て八巻であったが、二版は一八九四年に始まり、逐次各巻を出していたが、一九六三―六七年までに、A-Q（Quosenus）R-Z（Zenius）を出し、一九六五年までにSupplementbandも十巻出ている。これは大部のもので、個人で所有することは、現在のところ困難であるが、京都大学その他各大学に備えつけられているものを利用することができる（この抄略版*Der kleine Pauly*は第一巻（Aachen - Dichalkon）を一九六四年に、第二巻（Dicta Catonis - Iuno）を一九六七年に出し、一九七五年に全五巻完結〔Stuttgart u. München, A. Druckenmüller〕）。

一冊のまとまった手頃の、比較的新しい辞典としては、

Fr. Lübker, *Reallexikon des klassischen Altertums*, Leipzig, B. G. Teubner, 1855. 8 Aufl. 1914.

P. Harvey (ed.), *The Oxford Companion to Classical Literature*, Oxford, Clarendon

Press, 1937.

などが便利である。前者は学問的厳密性においてすぐれ、後者は読み易く、分り易い点に長所があるが、*The Oxford Classical Dictionary*, Oxford, Clarendon Press, 1949 の方が更に有益である。このほかに

L. Whibley (ed.), *A Companion to Greek Studies*, 3rd ed., Cambridge, Cambridge University Press, 1916; 4th ed., New York, Hafner, 1963.

J. E. Sandys (ed.), *A Companion to Latin Studies*, 3rd ed., Cambridge, Cambridge University Press, 1921.

なども、一冊にいろいろのものがまとめられているから、便利な参考書と言うことができるであろう。同類としては、三冊本で、ドイツ流の堅さをもつ、

A. Gercke u. Ed. Norden (hrsg.), *Einleitung in die Altertumswissenschaft*, Leipzig, B. G. Teubner, 1910-12; 2 Aufl. 1912-14.

が挙げられるであろう。改訂三版は一九二一年から進行中であった。哲学に関する部分は、

一九三二年にE. Hoffmannの手になる第四版が分冊として出ている。フランスものでは、

L. Laurand, *Manuel des études grecques et latines*, Paris, A. Picard, 1914-19.

がある。八分冊で、簡単に要領よく、文献が親切にまとめられている。

次に古代哲学の背景をなす、古代史一般の知識を得るためには、まず

J. H. Breasted, *Ancient Times, A History of the Early World*, Boston, Ginn, 1916; New ed.: *The Conquest of Civilization*, New York, Harper & Brothers, 1926.

M. I. Rostovtzeff, *A History of the Ancient World*, Vol. 1: *The Orient and Greece*, translated from the Russian by J. D. Duff, 2nd ed., Oxford, Clarendon Press, 1930.

などを一読するのが好ましい。いずれも古代史のうちに専門的な研究をしている学者の、最も成功した一般的記述である。後者は二冊本で、第二巻はローマ史が主である。

Ed. Meyer, *Geschichte des Altertums*, Stuttgart, J. G. Cotta, 1884-1902.

は、いわゆる権威書であって、五巻まで出ているが、ギリシア史で終っていて、未完であ

る。各巻は四版を一九五八年までに出し、更に二つの Supplement を加えているが、この著の重要性はむしろ最古史の部分にある。

必要の個所を検出する、辞書のごとき歴史書には、

The Cambridge Ancient History, I-XII, Cambridge, Cambridge University Press, 1923-39.

がある。J. B. Bury, S. A. Cook, F. E. Adcock, M. P. Charlesworth の編輯で、各項をそれぞれの専門家が受け持って執筆している。本文十二巻のほかに、図版を集めたもの五巻が加えられている。

このほか特にギリシア史について、

U. Wilcken, *Griechische Geschichte im Rahmen der Altertumsgeschichte*, München, R. Oldenbourg, 1924.

J. Hatzfeld, *Histoire de la Grèce ancienne*, Paris, Payot, 1926.

J. B. Bury, *A History of Greece to the Death of Alexander the Great*, London, Macmillan, 1900; 2nd ed., 1913〔村田泰志訳『ギリシヤ史』全三巻、三邦出版社、一九四三―四四年〕.

G. Busolt, *Griechische Geschichte bis zur Schlacht bei Chaeroneia*, 3 Bde., Gotha, F. A. Perthes, 1893-1904.
(H. Bengtson, *Griechische Geschichte*, München, C. H. Beck, 1950. なお同著者の *Einführung in die alte Geschichte*, München, Biederstein, 1949 は古代史研究入門である。)

などを参考にしたらよいかと思う。

K. J. Beloch, *Griechische Geschichte*, 2 Aufl., Berlin, W. de Gruyter, 1916-27.

の四巻八冊は、新しい意見にみちているが、それだけに初学者がいきなり、この書物だけを読むことは危険である。専門的に研究しようとする者の最初の参考書としてはむしろ Busolt の方がよく、東方諸国の交渉や法制史的な面では Wilcken, 経済文化では Hatzfeld, 政治史では Bury などが面白いと思う。なお文化総観というようなものでは、

F. Poland, E. Reisinger u. R. Wagner, *Die antike Kultur in ihren Hauptzügen*, Leipzig, B. G. Teubner, 1922.

がよいかと思う。これには J. H. Freese の英訳 *The Culture of Ancient Greece and Rome*, Boston, Little, Brown, 1926 がある。これは同じ著者たち〔F. Baumgarten, F. Poland u. R. Wagner〕の *Die hellenische Kultur*, Leipzig u. Berlin, B. G. Teubner, 1905; 3 Aufl. 1913 と *Die hellenistisch-römische Kultur*, Leipzig u. Berlin, B. G. Teubner, 1913 の両書を簡単化して、一冊にまとめたものである。邦語で書かれたものでは、

高津春繁『古典ギリシア』筑摩書房、一九四六年〔講談社学術文庫、二〇〇六年〕

を挙げておきたい。

しかし古代哲学の理解のためには、一般的文化の総観だけではなく、哲学と密接な関係にある、宗教や科学との思想的なつながりが注意されなければならない。この点で、

Livingstone (ed.), *The Legacy of Greece*（前出）

は、ギリシアの宗教、哲学、数学、天文学、自然科学、生物学、医学、文学、歴史、政治、思想、芸術、建築などについて、それぞれの専門家の寄稿を得て、これを一冊にまとめているから、便利な書物であると考えられる。同様にして、

C. Bailey (ed.), *The Legacy of Rome*, Oxford, Clarendon Press, 1923.
も有用な書物である。ここでは当然、諸科学よりもローマの法制や統治に重点がおかれている。

古代科学史としては、

B. Farrington, *Science in Antiquity*, London, Oxford University Press, 1936〔長坂雄二郎訳『古代科学思想史』新民書房、一九四二年〕.
が分り易く、また面白い。巻末の簡単な文献は、入門者には手頃である。同じく

J. L. Heiberg, *Naturwissenschaften, Mathematik und Medizin im klassischen Altertum*, 2 Aufl., Leipzig, B. G. Teubner, 1920.
も入門書として適当である。これは Gercke u. Norden (hrsg.), *Einleitung in die Altertumswissenschaft*（前出）への寄稿論文を、平易に細かく書き直したものである。巻末の文献は少し古いが、註は読者の参考になる点が少なくないであろう。邦訳（平田寛訳、創元社、一九四〇年〔のち、鹿島研究所出版会、一九七〇年〕）と英訳（Heiberg,

Mathematics and Physical Science in Classical Antiquity, translated by D. C. Macgregor, London, Oxford University Press, 1922) がある。

〔科学史研究のためには、一般向きには、

M. R. Cohen & I. E. Drabkin, *A Source Book in Greek Science*, New York, McGraw-Hill, 1948.

が便利である。〕

このほか、The Library of Greek Thought〔London and New York, J. M. Dent and E. P. Dutton〕という叢書のなかに *Greek Ethical Thought from Homer to the Stoics* (H. D. Oakeley, 1925), *Greek Civilization and Character* (A. J. Toynbee, 1924), *Greek Historical Thought from Homer to the Age of Heraclius* (A. J. Toynbee, 1924), *Greek Religious Thought from Homer to the Age of Alexander* (F. M. Cornford, 1923), *Later Greek Religion* (E. R. Bevan, 1927), *Greek Literary Criticism* (J. D. Denniston, 1924), *Greek Economics* (M. L. W. Laistner, 1923), *Greek Medicine* (A. J. Brock, 1929), *Greek Astronomy* (Th. L. Heath, 1932) などの書物が出ているが、各項についての一般的叙述を序論として、本論には直接古人の言葉を英訳して、これを適当に配列しているから、ギリシア語を知らない人が、直接古人の提供する材料に即して考えたりするのには、ちょうど手頃

であると思われる。諸科学のうちでも、ギリシア数学は特に哲学と関係が深いとも考えられるので、

Th. L. Heath, *A History of Greek Mathematics*, 2 vols., Oxford, Clarendon Press, 1921.

などを参考にする必要がある。出典を明らかにして、丁寧に書いてある、一冊本では

J. Gow, *A Short History of Greek Mathematics*, Cambridge, The University Press, 1884.

H. G. Zeuthen, *Die Mathematik im Altertum und im Mittelalter*, Leipzig, B. G. Teubner, 1912.

Th. L. Heath, *A Manual of Greek Mathematics*, Oxford, Clarendon Press, 1931〔平田寛・菊池俊彦・大沼正則訳『ギリシア数学史』共立出版、一九九八年〕.

などが挙げられる。大概を通観するにはよい。しかし役に立つ参考書としては、前記のHeath二冊本（*A History of Greek Mathematics*）を取りたい。その他の諸科学については、

Th. L. Heath, *Aristarchus of Samos, the Ancient Copernicus*, Oxford, Clarendon Press, 1913.

P. Duhem, *Le système du monde, histoire des doctrines cosmologiques de Platon à Copernic*, 7 vol., Paris, Hermann, 1913-17.

H. Berger, *Geschichte der wissenschaftlichen Erdkunde der Griechen*, 4 Bde., Leipzig, Verlag von Veit, 1887-93; 2 Aufl., 1903.

などの本格書の名を挙げておきたい。その他の文献は、前掲 Robin（*La pensée grecque et les origines de l'esprit scientifique*）の Bibliographie 5 もしくは Farrington（*Science in Antiquity*）の Bibliography を見ること。前者は一応本格書の名を挙げているし、後者はアメリカものも入れて、新しい書物を紹介している。そのうち、

G. Sarton, *Introduction to the History of Science*, Vol. 1: *From Homer to Omar Khayyam*, Baltimore, Williams & Wilkins, 1927〔平田寛『古代中世科学文化史』第一巻「ホメロスからオマル・ハイヤムまで」岩波書店、一九五一年〕.

は、さきの古代哲学の概観で触れられた、アラビア科学におけるギリシア学芸の伝統につい

て知るのに、いろいろ参考になると思う。同じ著者の『科学史と新ヒューマニズム』（森島恒雄訳、岩波新書、一九三八年）は、わが国においても多くの人々から興味をもって読まれたはずである。

なおギリシア人社会についての知識も、古代哲学の理解に必要になると思うが、

W. R. Halliday, *The Growth of the City State*, *Lectures on Greek and Roman History*, Liverpool, University Press of Liverpool, 1923.

A. E. Zimmern, *The Greek Commonwealth*, *Politics and Economics in Fifth-Century Athens*, 5th ed., Oxford, Clarendon Press, 1931.

などがよい入門書となるであろう。後者はまた同時に本格的な書物でもある。そのほかに

U. v. Wilamowitz-Moellendorff u. B. Niese, *Staat und Gesellschaft der Griechen und Römer*, 2 Aufl., Berlin u. Leipzig, B. G. Teubner, 1923.

H. Francotte, *La Polis grecque*, Paderborn, F. Schöningh, 1907.

G. Glotz, *La cité grecque*, Paris, Renaissance du livre, 1928.

などが有用な参考書となる。Glotz の著には N. Mallinson の英訳（*The Greek City and Its*

Institutions, London and New York, K. Paul, Trench, Trubner, Knopf, 1929）が出ている。巻末の文献目録が便利である。

また社会生活にも、哲学思想にも、いろいろと交渉のあるギリシア宗教については、

L. R. Farnell, *Outline History of Greek Religion*, London, Duckworth, 1920.

A. Fairbanks, *A Handbook of Greek Religion*, New York, American Book, 1910.

などが概観を得るのによい。参考にすべき文献が巻末に掲げられているから、詳しい研究をするのにも便利である。

G. Murray, *Five Stages of Greek Religion*, Oxford, Clarendon Press, 1925; 3rd ed., Garden City, Doubleday, 1955〔藤田健治訳『ギリシア宗教発展の五段階』岩波文庫、一九七一年〕.

M. P. Nilsson, *A History of Greek Religion*, translated by F. J. Fielden, 2nd ed., Oxford, Clarendon Press, 1949〔小山宙丸・丸野稔・兼利琢也訳『ギリシア宗教史』創文社、一九九二年〕.

はいずれも平易で、興味深い筆致をもって、ギリシア宗教の歴史的発展を描いている。

またギリシア神話については、

A. Fairbanks, *The Mythology of Greece and Rome*, New York, D. Appleton, 1912.
W. S. Fox, *Greek and Roman Mythology*, Boston, M. Jones, 1928.
H. J. Rose, *A Handbook of Greek Mythology*, 6th ed., London, Methuen, 1958.

などが便利である。それ以上の詳しいことは、右の Fox や Rose によい Bibliography がついているから、それを利用して調べてみること。辞書的なものには、

W. Smith, *Dictionary of Greek and Roman Biography and Mythology*, 3 vols., London, Taylor and Walton, 1844-49; 4th ed., London, J. Murray, 1894.
W. H. Roscher, *Ausführliches Lexikon der griechischen und römischen Mythologie*, 7 Bde., Leipzig, B. G. Teubner, 1884-1937.
L. Preller, *Griechische Mythologie*, 4 Aufl., Bd. 1: *Theogonie und Goetter*, 2 Bde., bearbeitet von C. Robert, Berlin, Weidmann, 1887-94; Bd. 2: *Die griechische Heldensage*, 3 Bde., erneuert von C. Robert, Berlin, Weidmann, 1920-26.

などがある。必要の個所を検出するのに用いることができる。Preller の書は、辞書ではな

いが、辞書的に使用できる。

5 一般研究資料

さて古代哲学の研究ということであるが、それは古代哲学者の書きのこしたものを、直接によく読んでみることが、何よりも大切である。そのために必要なことは、まず言葉の理解である。専門の研究者としては、原語で読むことが絶対に必要であるが、その他の人は学問的に信用できて、しかも読み易い翻訳によるべきである。

また古代哲学者の書物を理解するためには、前章で一通り触れられたような、いろいろの知識を必要とするけれども、それらの準備ばかりにかかっていては、本物を読むことができなくなるから、おいおい必要に応じて、補助的な知識を取り入れることにして、まず本物を読み始めることがよいと思われる。語学のようなものも、読んでいるうちにだんだん力がついてくるから、ある程度の準備ができたら、すぐに読み始めるがよい。無論、無理は禁物であるが、はじめからすべてが分るわけもなく、時代も人物も違うのであるから、ゆっくりと根気よく、読みかつ考えて行くほかはない。それがものを考える練習にもなるのだから、目に見える結果がすぐに出て来ないからといって、何もあせることはない。哲学の勉強は、真に自由に考えることのできるような、思考力そのものを養うことにあるのであって、手取り早い結論を教えてもらうことにあるのではない。

しかしながら、本物を読もうと思っても、古代哲学者の書いたものが、すべて今日まで伝えられているわけではない。プラトン、アリストテレス、プロティノスの書いた重要著書は、大部分のこっているけれども、デモクリトスが書いたはずのたくさんの書物は、ほとんど何も残ってはいない。イオニア・イタリア時代の、初期哲学者の言葉は、後人の引用によって、断片的に知られるだけであり、前期ストア派の人たちについても、われわれはその断片語を知るだけである。のみならず、ソクラテスやエピクテトスのように、自分自身は何も書きのこさなかった人もある。

従ってわれわれは、古代哲学の研究において、いつも直接に哲学者その人の書いたものを材料として、その人の哲学思想を研究することができるわけではない。われわれは間接的な手段で、他人の証言を材料にして、問題の哲学者の思想を探り出さねばならない。またその人物とか生涯とかいうことになると、どうしても間接的な材料が主になる。そこでそれらの材料についても、どういうものがあるかを、一応は知っておかねばならない。

まず第一に、プラトンやアリストテレスの書物が、彼ら自身の考えたことを知るための直接の材料となるばかりでなく、他の人の思想や生活を知るための間接材料としても、極めて大切であることを知らねばならぬ。例えばソクラテスの言行については、われわれは主としてプラトンの対話篇に頼らなければならない。その他の哲学者についても、プラトンは最も古い証人の一人として、貴重な証言をたくさんしてくれているのである。ただ同時代人については、彼はその名前を挙げることをしていないので、プラトンが名前なしに、「ある人々」というような言い方で言っていることについては、いろいろな推測が行なわれ、それらについて面倒な議論が起って来る。

またアリストテレスは、いろいろな場合に、問題の事柄を取り扱うのに、先人の説を紹介し、これを批評しながら、自説を展開するという仕方を取っているので、われわれはアリストテレスの批評を通して、間接的に他の哲学者の思想を知ることが非常に多いのである。ただアリストテレスは、いつも自分の哲学的立場から先人の学説を利用しているので、その見方が必ずしも公平ではなく、強調するところが違っていることが少なくないから、われわれがアリストテレスを材料に用いる時には、その点に吟味批判を必要とするわけである。かくて、プラトンについては、われわれが直接プラトンの書物によって知っているものと、アリストテレスがプラトンの哲学について語っているものとは、必ずしも一致しないところがあるので、その間の解釈はやはり難しい問題になっている。

しかしアリストテレスには、『アルキュタスの哲学について』とか『ピュタゴラス派について』とかいうような種類の書物がいくつかあったらしいことをディオゲネス・ラエルティオス（後出）第五巻第二五節の図書目録が示している。それらは断片語しか今日には伝えられておらず、アリストテレスの名を冠して今日にのこされている、かの『メリッソス、クセノパネス、ゴルギアスについて』は、後人の作であろうとされているが、アリストテレスにもこれらの人々を取り扱った書物があったらしいことは、前出の図書目録から知られるので、これが後人の作であったにしても、その場合恐らくアリストテレスの原本が利用されたであろうと想像される。そしてわれわれはこれらによって、比較的純粋な歴史的興味で書かれたものが、アリストテレス及びアリストテレス学派のうちにあり、それが後代の人々によって利用されたのであろうと考えることもできるのである。アリストテレスの弟子であるテオプラストスの『自然学者の学説』（φυσικῶν δόξαι）を集めた十八巻の書物は、その最も重要なものであって、『感覚について』の諸家の学説を取り扱ったものが、今日に伝えられている。プラトンとアリストテレスの証言については、

Ed. Zeller, Plato's Mittheilungen über frühere und gleichzeitige Philosophen (*Archiev für Geschichte der Philosophie*, 5(2), SS. 165 ff.).
A. Emminger, *Die Vorsokratischen Philosophen nach den Berichten des Aristoteles*, Würzburg, A. Stuber's Buch- & Kunsthandlung, 1878.

などの研究がある。

アリストテレス以後の哲学者では、ストア派や懐疑派の人々が、先人の説を引用することが多いので、間接的な材料として用いられる。しかし彼らの引用は、アリストテレス以上に主観的で、何でも自分たちの主張に都合よく解釈する傾向があるから、いつも批判的に取り扱わなければならない。ストア派の人々の引用するヘラクレイトスには、特に警戒を要するものがある。

ところで、今日われわれが実際に用いることのできる材料は、どの派のものも、多くはローマ時代のものである。キケロ（106-43 B. C.）は、その最も古い証人の一人で、彼の哲学的理解は必ずしも深いとは言われないが、しかしかなり広範囲にわたっているので、今日では他のところで得られないような、貴重な材料が彼の著書のなかに見出される場合が少なくない。またプルタルコス（Plutarchus, A. D. 68-125）も、実によく多くのことを知っているので、彼の *Moralia*〔『モラリア』〕は今日までまだ充分に利用されていないけれども、貴重な材料を多量に含んでいるものと考えられている。

このほかにガレノス（A. D. 129-200）やセクストス・エンペイリコスの著書がいろいろに利用される。これらの著書については、詳細はそれぞれの項で解説されるはずであるが、原文はドイツの Bibliotheca Scriptorum Graecorum et Romanorum Teubneriana の中に出ているし、Loeb Classical Library のなかにも、英訳と対照で出ていることを注意しておきたい。しかしガレノスのものは、後述の H. Diels (ed.), *Doxographi Graeci*, SS. 233-258; Ch. Daremberg, *Fragments du Commentaire de Galien sur le Timée de Platon*, Paris, V. Masson, 1848; *Claudii Galeni De placitis Hippocratis et Platonis*, recensuit et explanavit Iwanus Mueller, Lipsiae, B. G. Teubner, 1874 などを見る方が早いかも知れない。

このほかにプラトンやアリストテレスの註釈書が、ローマ時代になってたくさんに出て来るが、これらも貴重な材料である。ソクラテス以前の哲学者たちの言葉は、アリストテレスの『自然哲学』についての、シンプリキオス（Simplicius, A. D. c. 532）の註釈書に引用されて、今日に伝えられているものが少なくない。アレクサンドロス、アンモニオス、シンプリキオス、オリュンピオドロス、ピロポノスその他の、アリストテレス註釈は、ベルリンのアカデミーから、H. Diels, M. Hayduck, A. Busre, G. Vitelli などの協力によって、*Commentaria in Aristotelem Graeca* 二十三巻の大冊が一八八二年から一九〇九年の間に発刊され、一九六〇年に再刊されている。

アリストテレスの註釈では、このほかにボエティウス（Boethius, A. D. 480-525）のものが重要であり、プラトンについても、アルビノス、テオン、オリュンピオドロス、プロクロスなどの、多くの註釈書や解説書が出ていて、それぞれ利用されている。またキリスト教教父たちも、いろいろな材料を与えてくれる。ユスティヌス、アレクサンドレイアのクレメンス、オリゲネス、エウセビオス、アルノビウス、ラクタンティウス、アウグスティヌスなど、ローマ時代のギリシア、ラテン教父たちは、彼等のいわゆる異教の批判などにおいて、古代哲学についての古い証人たちを引き合いに出すことが多いからである。クレメンス（Clemens Alexandrinus）の *Stromateis*〔『ストロマテイス』〕、オリゲネス（Origenes）の *Contra Celsum*〔出村みや子訳『ケルソス駁論』全二巻、教文館、一九八七—九七年〕、エウセビオス（Eusebius）の *Praeparatio evangelica*〔『福音の準備』〕、ヒッポリュトス（Hippolytus）の *Refutatio omnium haeresium*〔大貫隆訳『全異端反駁』（『キリスト教教父著作集』第一九巻）、教文館、二〇一八年〕などが特に注目される。またローマ時代の博識家たちの随筆集とも言うべきもの、例えばアウルス・ゲッリウス（Aulus Gellius）の*Noctes Atticae*〔大西英文訳『アッティカの夜』京都大学学術出版会、二〇一六年―〕やアテナイオス（Athenaeus）の*Deipnosophistai*〔柳沼重剛訳『食卓の賢人たち』全五巻、京都大学学術出版会、一九九七―二〇〇四年〕などのなかに、思わぬ発見をすることもある。そのほかにストバイオス（Iohannes Stobaeus）の*Florilegium*〔『精華集』〕や*Eclogae physicae et ethicae*〔『自然学と倫理学の抜粋集』〕が利用されるし、またポティオス（Photius）やスダ（またはスイダス）（Suda sive Suidas）の辞典類のごとき、中世初頭のビュザンティオンの学者たちの仕事からも、われわれは多くの助けを得るのである。

しかしながら、これらの広範囲にわたる材料を、すべて自分で調べることはなかなか大へんなことである。われわれはまず最初、他の学者がこれらの材料を整備し、われわれのために選び出して集めてくれているものを利用すべきであろう。そしてそのうち特に自分で調べる必要のあるものについてだけ、もとの材料を研究すればよいわけである。このような集成としては、まず、

F. W. A. Mullach (ed.), *Fragmenta Philosophorum Graecorum*, Paris, A. F. Didot, 1860-81.

の三冊本が挙げられるであろう。ソクラテス以前の哲学者を取り扱っている第一巻は、他に

よいものが出ているので、あまり価値はないが、第二巻第三巻は小ソクラテス派やプラトン学派、アリストテレス学派のものを含んでいて、今日でも有用である。

H. Diels (ed.), *Poetarum Philosophorum Fragmenta*, Berlin, Weidmann, 1901.

は Wilamowitz-Moellendorff の *Poetarum Graecorum Fragmenta* の第三巻第一部として出されたもので、Thales, Cleostratus, Xenophanes, Parmenides, Empedocles, Scythinus, Menecrates, Sminthes, Timon, Crates, Demetrius などのものが入っている。原文の取り扱いも厳密で、本文の説明や考証も含まれている。同じく、

H. Diels (ed.), *Doxographi Graeci*, Berlin, G. Reimeri, 1879; 3rd ed., Berlin, W. de Gruyter, 1958.

は、さきに述べたテオプラストスの『自然学者の学説』(*φυσικῶν δόξαι*) を始源とする、後代の多くの自然学説誌というようなものを集めて、これを比較研究し、それの系統を明らかにしたもの。その厳密精細な研究の成果を述べた prolegomena と、これと相互に関連するプルタルコス、ストバイオス、ディデュモス、テオプラストス、キケロ、ピロデモス、ヒッポリュトスなどの原文が与えられている。また、

U. v. Wilamowitz-Moellendorff, *Antigonos von Karystos*, Berlin, Weidmann, 1881.
は、Kiessling と Wilamowitz で出していた、*Philologische Untersuchungen* の第四冊で、ピュロン、ティモン、ポレモン、クラテス、アルケシラオス、メネデモス、ゼノンなどの伝記を取り扱い、いわゆる哲学者伝の源流を、カリュストスに溯って研究したものである。しかしながら、この書物は、入手が必ずしも容易ではなく、またこれらを利用するには、専門家としての準備が必要であるから、はじめての研究者は、もっと別な書物（H. Ritter et L. Preller, *Historia Philosophiae Graecae*; H. Jackson, *Texts to Illustrate a Course of Elementary Lectures on the History of Greek Philosophy from Thales to Aristotle*；J. Adam, *Texts to Illustrate a Course of Elementary Lectures on Greek Philosophy after Aristotle* ＝いずれも後出）を利用した方がよいと思う。

ところで、古代哲学者の生活や思想については、ディオゲネス・ラエルティオス（Diogenes Laertius）という人の名前で伝えられている、『著名な哲学者の生活と意見、ならびに各学派の学説の要約』〔加来彰俊訳『ギリシア哲学者列伝』全三冊、岩波文庫、一九八四—九四年〕という書物がある。このディオゲネス・ラエルティオスという人が、どういう人であるかということは、この人の名前がこれで正しいのかどうかということさえも、実ははっきりとしていないくらいで、何も確かなことは分っていない。ただこの書物には、新プラトン派のことが少しも書いていないのと、この書物のなかで取り扱われている哲学者は、セクストス・エンペイリコスの弟子のサトルニノスが最後であるところから、この書物の筆者は紀元三世紀前半の人であろうと想像されるだけである。

この書物は一種の列伝体哲学史とも見なされ得るもので、タレスに始まりエピクロスに終る全十巻のうちに、哲学者各派の人物と学説を取り扱っている。それはテオプラストスに始まる学説史（doxography）と、アンティゴノスに始まる人物伝（biography）との、両方に材料を仰ぎ、更にアレクサンドレイアの図書館から得られたと考えられる著作目録、エラトステネス、アポロドロスの年代誌研究、デメトリオスの同名異人研究、ソティオン、ソシクラテスの学統研究など、いろいろなものを交え、ティモンとディオゲネス自身の戯詩みたいなものまで加えた、非常に雑然とした書物で、引用は二百種に上っている。無論、それらを筆者が直接にすべて読んでいたかどうかは疑わしく、いわゆる孫引きも少なくないように思われる。

しかしそれらの書類は今日ほとんどすべて失われていて、これの類書も他にはないので、われわれはこのディオゲネス・ラエルティオスをいろいろの研究に利用しなければならない。また事実、これを利用した立派な研究が既にいろいろ出ている。前述の Wilamowitz-Moellendorff のアンティゴノス研究などもその一つである。ただし、この書物の重要性は人物伝や著作目録や年代記事、あるいは詩句その他の引用に多いのであって、その学説史は、H. Diels (ed.), *Doxographi Graeci*（前出）に集められているものに比較すると、全般的には不充分であるが、しかしエピクロスやストアの学説については、貴重な材料を与えてくれている。これの英訳対照の原文は、Loeb Classical Library のうちに、

Diogenes Laertius, *Lives of Eminent Philosophers*, translated by R. D. Hicks, London, W. Heinemann, 1925.

の二冊本となって与えられているのが、一番新しく、また手にも入り易いであろう。しかしこの書物は、いろいろの材料に用いられるので、原文にも訳文にも議論が生じ易いから、原文については、ソクラテス以前の哲学者なら、後述の H. Diels, *Die Fragmente der Vorsokratiker* に取り入れられているものを見てみるとか、エピクロスなら、H. Usener (ed.), *Epicurea*, Leipzig, B. G. Teubner, 1887 とか、C. Bailey, *Epicurus*, Oxford, Clarendon Press, 1926 などを参考にするのが、安全かも知れない。ドイツ訳には Felix Meiner の Philosophische Bibliothek に、

Diogenes Laertius, *Leben und Meinungen berühmter Philosophen*, 2 Bde., übersetzt von O. Apelt, Leipzig, F. Meiner; 2 Aufl., 1967.

があるから、疑問の個所を比較して見るのもよいであろう。新版には K. Reich が手を入れ

ている。またディオゲネス・ラエルティオスについてのいろいろな問題や研究を知るのには、

R. Hope, *The Book of Diogenes Laertius*, New York, Columbia University Press, 1930.

という書物がある。またディオゲネス・ラエルティオスのなかに用いられている、アポロドロス（Apollodorus, c. 180-110 B. C.）の『クロニカ』（『年代記』）については、

F. Jacoby, *Apollodors Chronik*, Berlin, Weidmann, 1902.

という立派な研究が、例の Kiessling と Wilamowitz の *Philologische Untersuchungen* の第十六冊として出ている。

さてディオゲネス・ラエルティオスは、いろいろな面白い発見を許すところの、雑然とした報告の集積と見なされるであろうが、これに対してもっともよく整理された、便利な書物が現代のわれわれには与えられている。それは、

H. Ritter et L. Preller (eds.), *Historia Philosophiae Graecae*, Hamburg, F. A. Perthes,

1875; 10th ed., Gotha, Klotz, 1934.

で、新版には Ed. Wellmann の手が入っている。専門の研究者の座右に欠くことはできない書物と言うべきであろう。これのもっと初学者向きのものとして、

H. Jackson (ed.), *Texts to Illustrate a Course of Elementary Lectures on the History of Greek Philosophy from Thales to Aristotle*, London, Macmillan, 1901; 2nd ed. 1914.

J. Adam (ed.), *Texts to Illustrate a Course of Elementary Lectures on Greek Philosophy after Aristotle*, London, Macmillan, 1902.

の二書が挙げられる。これは初学者が一種の哲学読本として読むのに適当と言えるかも知れない。しかしこれらは原文の読本であるから、訳文の読本を求める人たちのためには、

Ch. M. Bakewell, *Source Book in Ancient Philosophy*, New York, C. Scribner's Sons, 1907.

を挙げておきたいと思う。このほか、

M. Dessoir u. P. Menzer（hrsg.）, *Philosophisches Lesebuch*, 3 Aufl., Stuttgart, F. Enke, 1910.

なども利用されてよいかと思うが、古代の部分は僅小なので、古代哲学のためには、これで充分とは言われない。

6　イオニア・イタリア哲学の研究

根本的研究のためには、

H. Diels, *Die Fragmente der Vorsokratiker*, 2 Bde., Berlin, Weidmann, 1903-10〔内山勝利編『ソクラテス以前哲学者断片集』全五巻＋別冊、岩波書店、一九九六―九八年〕.

のうちに、すべての材料が与えられている。哲学者自身の言葉は、B項に集められて、独訳が副えてあるが、他の証言はA項にまとめられて、原文のままに与えられている。これにはDiels の他の研究（*Poetarum Philosophorum Fragmenta*, Berlin, Weidmann, 1901; *Doxographi Graeci*, Berlin, G. Reimer, 1879）の成果も充分に取り入れられている。最新版（七版）はW. Kranzが手を加えて、一九五四年に、三分冊となって出ている。（この書物のB項のみの英訳としてはK. Freeman, *Ancilla to the Pre-Socratic Philosophers*, Oxford, B. Blackwell, 1948があり、この訳者の*Companion to the Pre-Socratic Philosophers*, Oxford, B. Blackwell, 1946も有用である。）

A. Fairbanks, *The First Philosophers of Greece*, London, K. Paul, Trench, Trübner, 1898.

も、Dielsの出た後では、もう古くなっているけれども、やはり真面目な本で、哲学者の言葉には英訳を対照させ、脚註も細かく、Dielsでは原文のままになっている証言も、ここでは英訳されている。しかしそれだけ材料の根本性が失われることとなり、証言も選択されているから全部を尽していることにはならなくなる。

訳文だけのものでは、前述（Ch. M. Bakewell, *Source Book in Ancient Philosophy*）のもののほかに、

W. Nestle (hrsg.), *Die Vorsokratiker*, 2 Aufl., Jena, E. Diederichs, 1922.

を挙げておきたい。この期を取り扱った研究書としては、

J. Burnet, *Early Greek Philosophy*, London, A. & C. Black, 1892; 4th ed., 1930; New York, Meridian Books, 1957〔西川亮訳『初期ギリシア哲学』以文社、二〇一四年〕.

P. Tannery, *Pour l'histoire de la science hellène*, Paris, F. Alcan, 1887; 2e éd. par A. Diès, Paris, Gauthier-Villars, 1930.

の二書が、最も堅実なものと言われるであろう。ただし、後者はエンペドクレスまでである。前者はこの期の哲学者の言葉が、一応みな英訳して与えられているから、Diels の書（*Die Fragmente der Vorsokratiker*）と比較して読むのもよいと思われる。

なおこのほかに、

K. Goebel, *Die vorsokratische Philosophie*, Bonn, C. Georgi, 1910.

K. Joël, *Der Ursprung der Naturphilosophie aus dem Geiste der Mystik*, Basel, F. Reinhardt, 1903; 2 Aufl., Jena, E. Diederichs, 1926.

Idem, *Geschichte der antiken Philosophie*, Bd. 1, Tübingen, J. C. B. Mohr, 1921.

R. Scoon, *Greek Philosophy before Plato*, Princeton, Princeton University Press, 1928.

などが注目されてよいかも知れぬ。邦語で書かれたものでは、まず第一に、

波多野精一『西洋宗教思想史──希臘の巻第一』岩波書店、一九二一年

を推したい。同じ著者による『西洋哲学史要』（大日本図書、一九〇一年）と同じく、わが国における哲学文書のうちに、古典的地位を占める名著と言うべきであろう。そのほかでは、

山内得立『ギリシアの哲学（上）』弘文堂、一九四四年
（田中美知太郎『西洋古代哲学史』〔弘文堂（アテネ文庫）、一九五〇年〕（本書Ⅰ））

などが、それぞれに参考にされてよいと思う。特殊な研究ではミレトス派について

J. Dörfler, Die kosmogonischen Elemente in der Naturphilosophie des Thales (*Archiv für Geschichte der Philosophie*, 25(3), 1912, SS. 305-331).

H. Diels, Ueber Anaximanders Kosmos (*Archiv für Geschichte der Philosophie*, 10(1-4), 1897, SS. 228 ff.)

などが注目される。邦語文献では、

中川清「コスモスの成立――アナクシマンドロス断片の解釈」（『思想』第一九九号、一九三八年十二月）

が注目されてよいであろう。これはW. Jaeger, *Paideia*, Bd. 1, 2 Aufl., Berlin u. Leipzig, W. de Gruyter, 1936; 3 Aufl., 1954, SS. 214-220〔曽田長人訳『パイデイア――ギリシアにおける人間形成』上、知泉書館、二〇一八年〕の解釈を敷衍したようなものであるが、一生懸命に書いてある。またタレスから哲学史を始めることについては、拙著『ギリシア人の智慧』（中央公論社、一九四七年、『田中美知太郎全集』第七巻、筑摩書房、一九六九年所収）の中にある「ミュートス」の四を参照されたい。

次にピュタゴラスについては、

Arm. Delatte (éd.), *La vie de Pythagore de Diogène Laërce*, Bruxelles, M. Lamertin, 1922.

L. Deubner (ed.), *Iamblichi De Vita Pythagorica*, Lipsiae, B. G. Teubner, 1937〔イアンブリコス『ピタゴラス的生き方』水地宗明訳、京都大学学術出版会、二〇一一年〕.

E. Rohde, Die Quellen des Iamblichus in der Vita Pythagorae (*Kleine Schriften*, Bd.

2, Tübingen, J. C. B. Mohr, 1901, SS. 102-172).

など、またピュタゴラス派の問題については、

Arm. Delatte, *Études sur la littérature pythagoricienne*, Paris, E. Champion, 1915.
E. Frank, *Plato und die sogenannten Pythagoreer*, Halle, M. Niemeyer, 1923.

などが参考になる。
ピュタゴラス派と近い関係にある、オルペウス教の研究には、

O. Kern (ed.), *Orphicorum Fragmenta*, Berlin, Weidmann, 1922.
Ch. A. Lobeck, *Aglaophamus*, t. 1, liber 2, Königsberg, Borntraeger, 1829.

などのうちに、必要な材料が集められている。また、

E. Rohde, *Psyche*, Bd. 2, 10 Aufl., Tübingen, J. C. B. Mohr, 1925.
J. E. Harrison, *Prolegomena to the Study of the Greek Religion*, 2nd ed., Cambridge, University Press, 1908; 3rd ed., New York, Meridian Books, 1955.

なども参考にされなければならない。ただし、わが国では、ローデやハリスンは、それだけが一方的に用いられている面があるから、その点は注意を要する。

クセノパネスについては、

G. Bréton, *Essai sur la poésie philosophique en Grèce*, Paris, Hachette, 1882.
J. Freudenthal, *Ueber die Theologie des Xenophanes*, Breslau, W. Koebner, 1886.

ヘラクレイトスについては

I. Bywater, *Heracliti Ephesii Reliquiae*, Oxford, Clarendon Press, 1877.
H. Diels, *Herakleitos von Ephesos*, Berlin, Weidmann, 1901.
田中美知太郎訳『ヘラクレイトスの言葉』弘文堂（アテネ文庫）、一九四八年（本書III）
E. Pfeiderer, *Die Philosophie des Heraklit von Ephesus im Lichte der Mysterienidee*, Berlin, G. Reimer, 1886.
E. Hoffmann, *Die Sprache und die archaische Logik*, Tübingen, J. C. B. Mohr, 1925.

パルメニデスについては、前記（H. Diels, *Die Fragmente der Vorsokratiker*; J. Burnet,

Early Greek Philosophy）のほか、

H. Diels, *Parmenides Lehrgedicht*, Berlin, G. Reimer, 1897.

A. Patin, *Parmenides im Kampfe gegen Heraklit* (*Jahrbuch für klassische Philologie*, Suppl. Bd. 25, SS. 491-660), Leipzig, B. G. Teubner, 1899.

K. Reinhardt, *Parmenides und die Geschichte der griechischen Philosophie*, Bonn, F. Cohen, 1916; 2 Aufl., Frankfurt am Main, V. Klostermann, 1959.

K. Riezler, *Parmenides*, Frankfurt am Main, V. Klostermann, 1934.

などがある。ラインハルトのパルメニデス解釈は最も特色のあるもので、このパルメニデスとの関係において、クセノパネス、ヘラクレイトス、エンペドクレス、ピュタゴラスその他の哲学が、新しい光の下に見られることになる。そのまますべてが一般の承認を得ることはできないであろうが、新しい意見にみちている。バーネットやディールスといっしょに読んでみること。Riezlerは、ラインハルトの解釈に従って、パルメニデスを訳し、また解説している。正しいかどうかはなお疑問。

ゼノンについては、

H. D. P. Lee, *Zeno of Elea*, Cambridge, The University Press, 1936.

V. Brochard, *Études de philosophie ancienne et de philosophie moderne*, Paris, F. Alcan, 1912; nouvelle éd., Paris, J. Vrin, 1954.
B. Russell, *Our Knowledge of the External World*, Chicago, Open Court, 1914.
H. Hasse u. H. Scholz, *Die Grundlagenkrisis der griechischen Mathematik*, Berlin, Pan-Verlag K. Metzner, 1928.

などを参考にすべきである。ゼノンの運動論についての文献は、W. D. Ross, *Aristotle's Physics*, Oxford, Clarendon Press, 1936, pp. xi-xii に詳しいものが出ている。邦文では、

長沢信寿「エレア派のヴェーノーンの哲学」（石原謙編『哲学及び宗教と其歴史――波多野精一先生献呈論文集』岩波書店、一九三八年所収）
（藤沢令夫「運動と実在――ゼノンの運動論駁をめぐって」（『哲学』第一五号、一九六五年、『実在と価値』筑摩書房、一九六九年所収））

という研究がある。
メリッソスについては、

O. Apelt, Melissos bei Pseudo-Aristoteles（*Neue Jahrbücher für classische Philologie*,

32, 1886, SS. 729-766).

A. Pabst, *De Melissi Samii Fragmentis*, Diss., Bonn, K. Georg, 1889.

エンペドクレスについては、前記（H. Diels, *Die Fragmente der Vorsokratiker*; J. Burnet, *Early Greek Philosophy*）のほか、

J. Bidez, *La biographie d'Empédocle*, Thèse, Gand, Clemm, 1894.

H. Diels, Studia Empedoclea (*Hermes,* 15, 1880, SS. 161-179).

Idem, Über die Gedichte des Empedokles (*Sitzungsberichte der königlich preussischen Akademie der Wissenschaften*, 31, 1898, SS. 396 ff.).

U. v. Wilamowitz-Moellendorff, Die *κάθαρμοί* des Empedokles (*Kleine Schriften*, Bd. 1, Berlin, Weidmann, 1935, SS. 467-521).

E. Baltzer, *Empedokles*, *Eine Studie zur Philosophie der Griechen*, Leipzig, O. Eigendorf, 1879.

C. E. Millerd, *On the Interpretation of Empedocles*, Diss., Chicago, The University of Chicago Press, 1908.

W. Kranz, Empedokles und die Atomistik (*Hermes,* 47, 1912, SS. 18-42).

など、アナクサゴラスについては、

W. Schorn, *Anaxagorae Clazomenii et Diogenis Apolloniatae Fragmenta*, Diss., Bonn, Tupis Thormannianis, 1829.

アポロニアのディオゲネスについては、右の Schorn のほかに、

P. Natorp, Diogenes von Apollonia (*Rheinisches Museum für Philologie*, 41, 1886, SS. 349-363; 42, 1887, SS. 374-386).

H. Diels, Leukippos und Diogenes von Apollonia (*Rheinisches Museum für Philologie*, 42, 1887, SS. 1-14).

E. Krause, *Diogenes von Apollonia*, 2 Bde., Posen, Merzbachsche Buchdruckerei, 1908-09.

など、またレウキッポス、デモクリトスなどの、いわゆるアトム論者については、

L. Liard, *De Democrito philosopho*, Thesis, Paris, Ladrange, 1873.

A. Brieger, *Die Urbewegung der Atome und die Weltentstehung bei Leukipp und*

Demokrit, Halle, Heynemann, 1884.

A. Dyroff, *Demokritstudien*, Leipzig, Dieterich, 1899.

O. Hamelin, La pesanteur de l'atome dans le système de Démocrite (*Annales de la Faculté des lettres de Bordeau*, 1888, pp. 194-199).

K. Lasswitz, *Geschichte der Atomistik vom Mittelalter bis Newton*, 2 Bde., Hamburg, L. Voss, 1890.

H. C. Liepmann, *Die Mechanik der Leukipp-Democritischen Atome*, Diss., Berlin, 1885.

L. Mabilleau, *Histoire de la philosophie atomistique*, Paris, F. Alcan, 1895.

P. Natorp, *Die Ethika des Demokritos. Text und Untersuchungen*, Marburg, N. G. Elwert, 1893.

C. Bailey, *The Greek Atomists and Epicurus*, Oxford, Clarendon Press, 1928.

などがある。Bailey の著が一番新しいので、他の著書の批評が含まれていて、いろいろ参考になる。

7　アテナイ哲学の研究

A

この期の哲学は、ソフィストやソクラテスの時代と、プラトン・アリストテレスの時代に区別される。前者については、

E. Hoffmann, *Die Aufklärung im 5. jahrhundert v. Chr.*, Berlin u. Leipzig, B. G. Teubner, 1910.

のうちに、全体の見通しに必要な材料が、選択され、独訳されて与えられている。ソフィストについては、H. Diels, *Die Fragmente der Vorsokratiker*（前出）のうちに全部の材料を見つけることができる。ソクラテスとソフィストについては、

波多野精一「ソフィストとソクラテス」（『宗教哲学の本質及其根本問題』岩波書店、一九二〇年、附録）

が、前記の『西洋宗教思想史』と共に参照さるべきであろう。ソフィストについては、

H. Gomperz, *Sophistik und Rhetorik*, Leipzig, B. G. Teubner, 1912.

H. Sidgwick, The Sophists (*The Journal of Philology*, 4, 1872, pp. 288-306; 5, 1873, pp. 66-80).

田中美知太郎『ソフィスト』講談社学術文庫、一九七六年

などに、一般的な取り扱いが見られる。個々のソフィストについては、

J. Frei, *Quaestiones Protagoreae*, Bonn, A. Marcus, 1845.

V. Brochard, Protagoras et Démocrite (*Archiv für Geschichte der Philosophie*, 2(3), 1889, SS. 368-378).

このブロシャールの論文は、前記 *Études de philosophie ancienne et de philosophie moderne* に入っている。

H. Diels, Gorgias und Empedokles (*Sitzungsberichte der königlich preussischen Akademie der Wissenschaften zu Berlin*, 19, 1884, SS. 343-368).

F. Blass, *Die attische Beredsamkeit*, 1 Abt.: *Von Gorgias bis zu Lysias*, 2 Aufl., Leipzig, B. G. Teubner, 1887, SS. 47-91.

E. Maass, Über die erhaltenen Reden des Gorgias (*Hermes*, 22, 1887, SS. 566-581).

J. C. Robertson, *The Gorgianic Figures in Early Greek Prose*, Diss., Baltimore, Friedenwald, 1893.

F. G. Welcker, Prodikos, der Vorgänger des Sokrates (*Kleine Schriften*, Bd. 2, Osnabrück, O. Zeller, 1973, SS. 393-541).

O. Apelt, Der Sophist Hippias von Elis (*Beiträge zur Geschichte der griechischen Philosophie*, Leipzig, B. G. Teubner, 1891, SS. 369-390).

なおソフィスト研究のために重要な資料である *Dialexeis*（δίσσοι λόγοι）については、Diels（*Die Fragmente der Vorsokratiker* ＝前出）、Gomperz（*Sophistik und Rhetorik* ＝前出）、Pohlenz（*Aus Platos Werdezeit* ＝後出）、Taylor（*Varia Socratica* ＝後出）、Nestle（*Die Vorsokratiker* ＝前出）などに出ているから、そこで見ること。

B

ソクラテスについては、われわれはプラトンの対話篇、特に『ソクラテスの弁明』、『クリトン』、『パイドン』、『饗宴』など、ソクラテスが登場して活躍する対話篇から、最も多くの材料を得るのであるが、なおまたクセノポンの『ソクラテスの思い出』、『ソクラテスの弁明』、『饗宴』や、アリストパネスの『雲』なども、欠くことのできない資料を提供してくれる。またアイスキネスその他の、いわゆるソクラテス学派の人たちについて知り得る事柄は、また間接にソクラテスを知る材料となり、ディオゲネス・ラエルティオスの第二巻（一八—四七）も、また参考にすべき事柄を含んでいる。プラトンの対話篇については、プラトンのところを見てもらうことにして、クセノポンの原文を見るのには、

E. C. Marchant (ed.), *Xenophontis Opera Omnia*, t. 2: *Libri Socratici*, Oxford, Typographeo Clarendoniano, 1901; Ed. altera, 1921.

が一番入手し易いであろう。Loeb Classical Library の希英対訳本は更に便利かも知れない。すなわち、

Xenophon, *Memorabilia* / *Oeconomicus* / *Symposium* / *Apology*, with an English translation by E. C. Marchant and O. J. Todd, London, W. Heinemann, 1923.
Xenophon, *Anabasis: books IV-VII* / *Symposium* / *Apology*, with an English translation by C. L. Brownson and O. J. Todd, London, W. Heinemann, 1922.

がこれである。後者は C. L. Brownson の *Anabasis* IV-VII の訳といっしょで一冊になっている。註訳本では、

Raph. Kühner, *Xenophons Memorabilien*, 6 Aufl., besorgt von Rud. Kühner, Leipzig, B. G. Teubner, 1902.
L. Breitenbach, *Xenophons Memorabilien*, 6 Aufl., bearbeitet von R. Mücke, Berlin, Weidmann, 1889.
Xenophon, *Memorabilia*, edited on the basis of the Breitenbach-Mücke edition by J. R. Smith, Boston, Ginn, 1903.

などが挙げられる。

ところでわれわれは、どこまでクセノポンの証言を信用することができるであろうか。この問題はまた、プラトンの対話篇に出て来るソクラテスを、どこまで実際のソクラテスと見なし得るかという問題と相関的である。最初の印象では、対話篇のソクラテスはつくりものであると考えられ易い。これに反して歴史家としてのクセノポンは、ソクラテスについても事実を語っていると考えられる。かくて実際のソクラテス、あるいは史的ソクラテスと呼ばれるものは、クセノポンの伝えているのがそれであって、プラトンのソクラテスは、プラトン自身の思想をのべるための傀儡に過ぎないというような考えが、ヘーゲルの『哲学史』

（二の六九）などを出発点として、哲学史家のドグマになろうとした。しかしながら、実際のクセノポンやプラトンを調べてみると、そう簡単に一方だけを信じたり、疑ったりすることができなくなる。かくて、

K. Joël, *Der echte und der xenophontische Sokrates*, 3 Bde., Berlin, R. Gaerther, 1893-1901.

の三冊本が現われて、このようなドグマに挑戦し、かえってクセノポンの史料価値を否定することになった。この書はあまり読み易くなく、議論も混雑しているけれども、とにかくこれによって一石が投じられ、学界はこれまでと反対の方向を取るようになって来た。

L. Robin, Les « Mémorables » de Xénophon et notre connaissance de la philosophie de Socrate（*Année Philosophique*, 21, 1910, pp. 1-47）.

は、クセノポンの否定を極端に押し進めたものであり、

J. Burnet（ed.）, *Plato's Phaedo*, Oxford, Clarendon Press, 1911, Introduction, pp. xi-ixxi.

II 186

A. E. Taylor, *Varia Socratica*, Oxford, J. Parker, 1911.

は、更に一歩を進めて、プラトンのソクラテスこそ真のソクラテスであり、プラトンの描くソクラテスを、われわれは悉く信じなければならないとし、従来プラトン説とされていたイデア論のようなものまで、ソクラテス説であるとする、いわゆるバーネット・テイラー説を発展させることになる。そしてクセノポンやアリストテレスの証言は、これに反する限り否定されなければならなくなる。さきに挙げたバーネットの『ギリシア哲学』(J. Burnet, *Greek Philosophy*, Part 1) は、この立場からソクラテスとプラトンを取り扱ったものであり、

A. E. Taylor, *Socrates*, London, P. Davies, 1932; repr., 1951〔松浪信三郎訳『ソクラテス——生涯と思想』綜合出版社、一九四六年〕.

も、やはりこのような見方のソクラテス伝であることを知らねばならぬ。しかしこの立場もまた批判されねばならぬ点をもっているのであって、その前提は必ずしもよく証明されてはいない。

G. C. Field, *Plato and his Contemporaries*, London, Methuen, 1930; 2nd ed., 1948.

はその最も鋭利な批評を含んでいる書物の一つである。それはまた同時にクセノポンの弁護にもなっている。かくて実際のソクラテスを知るための史料批判の問題は、ひとつの難問題なのであって、ソクラテスが実際に考えていた思想を確かめるというようなことは、なかなか容易な仕事ではないのである。しかもソクラテスについて何かを語ろうとすれば、われわれは不可避的にこの問題にぶつからなければならなくなる。

H. Maier, *Sokrates, sein Werk und seine geschichtliche Stellung*, Tübingen, J. C. B. Mohr, 1913.

も、クセノポンやアリストテレスの証言を否定して、むしろプラトンを信じようとする立場で書かれているが、しかしそのソクラテスは、バーネットやテイラーのソクラテスとは全く異なり、よき生活をすすめる人（プロトレプティコス）、直観と行動の人という面が強調されて、学問の人という面がむしろ否定されている。それはつまりアリストテレス証言の否定の仕方が、バーネットやテイラーと逆になっているからであり、またソクラテスの実際の姿をプラトンのうちに求めると言っても、それはバーネットやテイラーのように、プラトンのソクラテスをすべて歴史的事実に対応するものとは考えず、その間にプラトン自身のものとソクラテスのものを区別する――と言っても、それは一種の循環論かも知れないのであるが、そのような——材料の選び方から帰結して来ているのである。このようにして、史料批判の困難は、またソクラテス解釈全体の困難にもなっている。しかもマイエルが課題にしたような、ソクラテスの史的地位の決定は、ニイチェやキルケゴールの名前に結びつけて考えられるような、広義のソクラテス観の問題とも関連し、他にもいろいろな問題をもっているのである。

C. Ritter, *Sokrates*, Tübingen, H. Laupp, 1931.

は、ソクラテスの宗教的一面に注意を向けていること以外には、別に新奇な点はないように思われるのであるが、しかしそれの附録になっているいくつかの短い Exkurs は、ソクラテス問題のいろいろな面を気づかせてくれる。

ソクラテスについては昔から多くの書物が出ているが、史料批判の問題は、それらを何か時代後れのもののように感じさせたりするが、しかしソクラテスの問題は、まだいろいろな面をもっているから、それらを簡単に棄ててしまうことはできない。

A. Fouillée, *La Philosophie de Socrate*, 2 vol., Paris, Ladrange, 1874.

R. Kralik, *Sokrates, nach den Ueberlieferungen seiner Schule dargestellt*, Wien, C. Konegen, 1899.

R. Pöhlmann, *Sokrates und sein Volk*, München, R. Oldenbourg, 1899.
H. Röck, *Der unverfälschte Sokrates*, Innsbruck, Wagner, 1903.
H. Nohl, *Sokrates und die Ethik*, Tübingen, J. C. B. Mohr, 1904.
A. Busse, *Sokrates*, Berlin, Reuther & Reichard, 1914.

などが一応注目されてもよいであろう。なおソクラテスの訴訟については、前掲 Ed. Meyer の古代史（*Geschichte des Altertums*）もしくは G. Grote, *A History of Greece*, ch. 68 などを見ること。またアリストパネスの『雲』にあらわれたソクラテスについては、前掲バーネットの『ギリシア哲学』を見ること。特別な研究としては、

H. Röck, Aristophanischer und geschichtlicher Sokrates (*Archiv für Geschichte der Philosophie*, 25, 1912, 2, SS. 175-195; 3, SS. 251-274).
田中美知太郎「『雲』のソクラテス」（『ギリシア人の智慧』（前出）所収）

など参照。なお邦語文献としては、

出隆『ギリシアの哲学と政治』岩波書店、一九四三年
（田中美知太郎『ソクラテス』岩波新書、一九五七年、『田中美知太郎全集』第三巻、筑摩

書房、一九六九年所収）

などが注目されてよいであろう。

C

いわゆる小ソクラテス派については、前記 Mullach（*Fragmenta Philosophorum Graecorum*）や Diogenes Laertius の中にいろいろな材料が集められている。独文では、

W. Nestle (hrsg.), *Die Nachsokratiker*, 2 Bde., Jena, E. Diederichs, 1923.

という二冊本が出ている。小ソクラテス派のうちで、一番よく問題にされたのはアンティステネスで、

Ferd. Dümmler, *Antisthenica*, Halis, Typis hendeliis, 1882.

Idem, *Akademika*, Giessen, J. Ricker, 1889.

J. Geffcken, *Kynika und Verwandtes*, Heidelberg, C. Winters, 1909.

G. M. Gillespie, The Logic of Antisthenes (*Archiv für Geschichte der Philosophie*, 26, 479; 27, 17, 1913-14).

G. Rodier, Conjecture sur le sens de la morale d'Antisthène (*Année Philosophique*, 17, 1906).

Idem, Note sur la politique d'Antisthène (*Année Philosophique*, 22, 1911).

などの著書や論文で取り扱われている。ただし、問題はソクラテス関係よりも、プラトン関係に多いようである。しかし資料が充分でないから、推測に頼らねばならぬので、いろいろ困難があるように思われる。Rodier の論文は、その著 *Études de philosophie grecque*, Paris, J. Vrin, 1926; 2e éd., 1957 のうちに収められている。

またアイスキネスも、ソクラテス文書の研究において、重要視されているが、

H. Krauss (ed.), *Aeschinis Socratici Reliquiae*, Leipzig, B. G. Teubner, 1911.

H. Dittmar, *Aischines von Sphettos, Studien zur Literaturgeschichte der Sokratiker*, Berlin, Weidmann, 1912.

のうちに材料と研究が示されている。

D

プラトンについては、その著作が、

J. Burnet, *Platonis Opera*, 5 vols., Oxford, Clarendon Press, 1900-07. repr., 1950-52.

のうちに全集として与えられている。原文を読む人たちには、入手も容易で、原文も比較的よく校訂されているので、このOxford Classical Texts の全集をすすめたいと思う。プラトン全集は、遠い昔からいろいろ出ているが、近世印刷本では、一五一三年のAldus 版が一番古いのであるが、一般には一五七八年のステパヌス版が標準になっている。その後のプラトン全集では、

I. Bekker (ed.), *Platonis Scripta Graece Omnia*, 11 vols., London, R. Priestley, 1816-23.

の十一冊本が、プラトンの写本の比較研究にもとづいての、はじめての出版として記念される。スコリア（欄外古註）、ラテン訳その他を含み、いろいろな註釈がついている。

Fr. Ast (ed.), *Platonis Quae Exstant Opera*, 11 vols., Leipzig, Weidmann, 1819-32.

は十一冊本で、ギリシア・ラテン対照になっていて、最後の第一〇巻と第一一巻に註がつい

ている。よく用いられる *Lexicon Platonicum* はこれの附録のようなかたちで、一八三五年から三八年にかけて、三冊本で出された〔Leipzig, Weidmann〕。同じようなギリシア・ラテン対照本では、

Hirschig et Schneider (eds.), *Platonis Opera*, 3 vols., Paris, A. Firmin-Didot, 1846-73.

の三冊本も、割によく用いられる。その第三巻は J. Hunziker と F. Dübner によって再版されているが、Argumenta や Indices が含まれている。

G. Stallbaum (ed.), *Platonis Opera Omnia*, 10 vols., Gotha, J. Hennings, 1827-60.

は、註釈つきの十巻で、各巻がまた分冊になっているのもある。その註釈は今日でもなお有用である。新版が M. Wohlrab, O. Apelt などによって企てられていたが、まだ少ししか出ていない。註釈付き選集本では、

L. F. Heindorf (ed.), *Platonis Dialogi Selecti*, 5 vols., Berlin, Nauck, 1802-10.

の五冊本も、今日なお参考になる点を含んでいる。しかし一般的には、原文を読むには、な

るべく新しい校訂本を用いる方がよい。その点、Bibliotheca Teubneriana の、

K. Fr. Hermann (ed.), *Platonis Opera*, 6 vols., Leipzig, B. G. Teubner, 1851-53.

の六冊本も、もう古いわけであるが、第六巻だけは、アルビノスやアルキノオスの『プラトン入門』とか、オリュンピオドロスの『プラトン伝』などを含んでいるので、なお有用である。この巻には、スコリアやティマイオスの『プラトン語解』も含まれている。バーネットよりも新しいテクストとしては、フランスの Collection des Universités de France, publiée sous le patronage de l'Association Guillaume Budé（ビュデ本）のうちに含まれている

Platon, *Œuvres complètes*, 14 vol., Paris, Les Belles Lettres, 1920-64.

が一番すぐれている。フランス学界の専門学者を動員し、一九二〇—六四年にかけてつくられた、全十四巻二十七冊のギリシア・フランス対訳本で、註解もついており、原文批判も綿密になされている。『ヒッピアス（小）』、『アルキビアデス一』、『弁明』、『エウテュプロン』、『クリトン』がM. Croiset,『ヒッピアス（大）』、『カルミデス』、『ラケス』、『リュシス』、『プロタゴラス』、『ゴルギアス』、『メノン』がA. Croiset,『パイドン』、『饗宴』、『パ

イドロス』がL. Robin,『イオン』、『メネクセノス』、『エウテュデモス』、『クラテュロス』がL. Méridier,『国家』がE. Chambry と A. Diès,『パルメニデス』、『テアイテトス』、『ソピステス』、『ポリティコス』、『ピレボス』がA. Diès,『ティマイオス』、『クリティアス』がA. Rivaud,『法律』がÉ. des Places と A. Diès,『書簡集』、『容疑書』、『偽書』がJ. Souilhé である。É. des Places の編んだ *Lexique*（用語辞典）が二部に分れてついている。

イギリスでも Loeb Classical Library のなかに、ほとんどプラトンの全著作が、希英対訳で与えられている。これは『国家』をP. Shorey,『法律』と『ティマイオス』、『書簡集』等をR. G. Bury が担当しているほかは、大部分がH. N. Fowler と W. R. M. Lamb によって担当されている。フランスのビュデ本（前出）にくらべると、原文の取り扱い方が簡単すぎるようであるが、一般の使用者にはそれで充分間に合うように思われる。

翻訳では、フィキヌス〔フィチーノ〕(Marsilio Ficino = Marsilius Ficinus, 1433-99) のラテン訳が最初の全訳で、後のすべてのプラトン訳は多かれ少なかれ、その影響を受けている。研究的にプラトンの翻訳を見る場合には、参照の必要がある。さきに挙げた Burnet のプラトン全集 (*Platonis Scripta Graece Omnia*) 第一〇、一一巻に収められている。各国語訳では、F. Schleiermacher の独訳（一八〇四―一〇年）三巻、V. Cousin の仏訳（一八二二―四〇年）十三巻、B. Jowett の英訳（一八七一年）五巻などが、いわば古典的な地位を占めている。後者は、

B. Jowett (tr.), *The Dialogues of Plato*, 4 vols., Oxford, Clarendon Press, 1871; 3rd ed., 5 vols., 1892; 4th ed., 4 vols., 1953.

の重版ものが、今日でも容易に入手できる。プラトンの言葉の意味をよく捉えて、自由に分り易く訳しているから、一般の読者に好適であると思われる。しかし原文と比べながら読むのには、シュライエルマッヘルの独訳がよいかも知れぬ。逐語訳に近いからである。しかしドイツ語の文章としては、それだけで読んだのでは、決して分り易くない。これの一部はレクラムの中にも、少し新しく手を入れたものが出ているが、まとまったものとしては、Klassiker des Altertums の一部として、

Platons ausgewählte Werke, 5 Bde., deutsch von Schleiermacher, München, G. Müller, 1918.

の五冊本が出ている。その後いろいろ新しい訳が出ているが、比較的新しくて、学問的にも信用のできるのは、さきに挙げたビュデ本プラトン全集（*Œuvres complètes*）の仏訳であろう。これは訳文だけの版を別に買うこともできる。英訳では、これもさきに挙げたLoeb Classical Library のなかのプラトンが新しいけれども、特にこれを他よりすぐれていると

することはできないように思われる。しかしJowett訳（*The Dialogues of Plato*）が自由訳なので、もう少し逐語訳に近いものを読みたいと思う英語の読者は、これを読んだらよいかも知れぬ。これに反して独訳は、シュライエルマッヘルの系統を引いて、どちらかと言えば逐語訳の傾向が多い。

H. Müller (tr.), *Platon's sämmtliche Werke*, 8 Bde., mit Einleitungen begleitet von K. Steinhart, Leipzig, F. A. Brockhaus, 1850-66.

はその傾向のよい訳であるが、

O. Apelt (tr.), *Platons Dialog*, Leipzig, F. Meiner, 1916-26.

はドイツ訳としては、かなり自由訳になっていて、新解釈も少なくない。その点は新しい訳としての特色をもっていると言うことができる。しかしこの訳だけに頼るのは、必ずしも安全ではないかも知れぬ。なおこのFelix Meiner版Philosophische Bibliothekのプラトンは、大部分がアーペルトの訳であるが、『ラケス』、『エウテュプロン』(G. Schneider)、『パイドロス』(C. Ritter)、『饗宴』(K. Hildebrandt)などは別である。一般にプラトンの翻訳にはフィキヌスのラテン訳以来の伝統があり、また国によっても、傾向の違う点があるから、その点を承知して読まなければならぬ。またそれらの訳の原文となるものも、細部においては決して同一ではなく、しかもこれらの研究は年と共に進み、いろいろ議論も出ているから、疑問の個所は他の翻訳や註釈書を参照し、未解決のところは、専門家にたずねるようにしなければならぬ。邦訳のプラトン全集としては、古くは松本亦太郎・木村鷹太郎訳『プラトーン全集』（全五巻、冨山房、一九〇三—一一年）、その後では岡田正三訳『プラトン全集』（全十二巻、全国書房、一九四六—五二年）があり、最近のものでは、山本光雄編『プラトン全集』（全十巻＋別巻、角川書店、一九七三—七七年）、田中美知太郎・藤沢令夫篇『プラトン全集』（全十五巻＋別巻、岩波書店、一九七四—七八年）がある。また岩波文庫その他の文庫にも一部おさめられている。

ところで、プラトンの原文は現在どのようなかたちで、われわれに伝えられているのであろうか。その伝来の歴史はどのようなものであろうか。このような事柄に興味をもつ人々のためには、まず、

F. W. Hall, *A Companion to Classical Texts*, Oxford, Clarendon Press, 1913.
R. Renehan, *Greek Textual Criticism*, Cambridge, Harvard University Press, 1969.

などが、一般的な知識を与えてくれる。プラトンのテクストについては、

H. Alline, *Histoire du texte de Platon*, Paris, H. Champion, 1915.

という書物があり、多方面の材料を使い、その取り扱いに多少の問題があるけれども、示唆に富む見解が見られる。これ以外のものは、部分的な問題を専門的に取り扱ったものが多いから、あまり一般向きではないが、

M. Schanz, *Studien zur Geschichte des Platonischen Textes*, Würzburg, Stahel, 1874.

Idem, *Über den Platocodex der Markusbibliothek in Venedig Append. Class. 4 Nr. 1*, Leipzig, B. Tauchnitz, 1877.

M. Wohlrab, Die Platonhandschriften und ihre gegenseitigen Beziehungen (*Jahrbuch für klassische Philologie*, Suppl. 15, 1887, SS. 641-728).

H. Usener, Unser Platontext (*Nachrichten von der königlichen Gesellschaft der Wissenschaften zu Göttingen*, Nr. 2, 1892, SS. 26-50; Nr. 6, 1892, SS. 181-215).

R. S. Brumbaugh and R. Wells, *The Plato Manuscripts*, New Haven, Yale University Press, 1968.

などが注目される。ウーゼネルの論文は、彼の*Kleine Schriften*, Bd. 3, Leipzig, B. G. Teubner, 1914に収められている。これらのテクストについての簡単な注意は、各校訂本の

序文などにも見られるし、異本のそれぞれの読み方については、前記バーネット（*Platonis Opera*）、ビュデ本（*Œuvres complètes*）などのプラトン全集に、それぞれ脚註のかたちで、apparatus criticus がついているから、それを見ること。これの詳しいものには、なお、

M. Schanz (ed.), *Platonis Opera*, 3 vols., Leipzig, B. Tauchnitz, 1875-87.

がある。これの『ソピステス』（一八八七年）は、その最後に出たものであるが、その原文批判上の註が重要視されている。この全集には Octavausgabe と kritische Ausgabe があるけれども、原文批判に関しては後者の方が重要である。

H. Richards, *Platonica*, London, G. Richards, 1911.

はプラトンの全著作について、原文批判の註だけを集めたものである。いろいろな新しい読み方を提案している。スコリアの由来についてはなお、

L. Cohn, Untersuchungen über die Quellen der Plato-Scholien (*Jahrbuch für klassische Philologie*, Suppl. 13, 1884, SS. 771-864).

という研究がある。プラトン著作のこの種の問題については、田中美知太郎『プラトンI——生涯と著作』岩波書店、一九七九年、第三部A参照。

ところで、これらのプラトンの著作として伝えられているものが、果してプラトンの著作であるかどうかということについても、昔から若干疑問とされるものがあったのであるが、十九世紀のドイツ学界において、これの極端な懐疑主義が流行したことがある。それはもはや今日では一つの昔語りになってしまったが、しかし今日でも若干の問題はのこされている。すなわち今日でも真偽の決定しない、疑わしいものが若干残されているのであるが、そのあるものはそれの真偽が全体のプラトン解釈に、それほどの影響をもたないけれども、他のものは、真偽いかんによって、プラトン像がかなり変って来ると思われる。

J. Socher, *Ueber Platons Schriften*, München, I. J. Lentner, 1820.

は、その点において、極めて興味のある書物で、彼は Platon aus Platon erkennen (S. 24) の立場に立って、プラトンの Normal-Werke 七篇を選び、これを標準にして、他の対話篇の真偽を決定することを試みたのであるが、その結果『エピノミス』、『書簡』、『パルメニデス』、『ソピステス』、『ポリティコス』、『クリティアス』など、大部分は新プラトン派以来重要視されて来ていた著作を、Normal-Werke に選ばれた『パイドン』、『プロタゴラス』、『ゴルギアス』、『パイドロス』、『饗宴』、『国家』、『ティマイオス』の思想と矛盾するの故をもって、極めて疑わしいものであると断定した。そしてこの断定は、その後のドイツ学界に多くの影響を及ぼしているのである。しかしこれは、プラトンの著作の間に思想上の不一致があることを示すとしても、一方のみを真正のプラトン思想とする理由にはならないのであって、むしろプラトンの哲学体系というようなものを、任意の対話篇からつくり上げて、これを標準にして、他の対話篇の真偽を決定するというような、それまでのドイツ学者の方法に対して疑問をもたせる結果になるわけである。かくてゾーヘルの結論に対しては、G. Grote (*Plato and the Other Companions of Sokrates* =後出) を代表として、むしろ昔から伝えられているものは、一応これを認めようとする、伝統主義の立場に立つイギリスの学界から、

L. Campbell, *The Sophistes and Politicus of Plato*, Oxford, Clarendon Press, 1867.

が、現われて、決定的な反対の答をすることになった。彼はこの書物の general introduction において、『ソピステス』と『ポリティコス』の用語と語法の特色が、『ティマイオス』、『クリティアス』、『法律』などと共通であって、他の対話篇と著しく異なることを示した。しかしこの差異は、直ちに偽作であることを示すものではない。同じ差異は、アリスト

テレス（*Politica*, B 9, 1271b1; *De generatione et corruptione*, A 8, 325b24）がプラトンの著として語っている『ティマイオス』、『法律』にも共通に見られるところであって、ゾーヘルもNormal-Werkeのうちに『ティマイオス』を数えているからである。従ってプラトンの著作のうちに見出される、文体上のこのような差異は、ゾーヘルが指摘したような、思想上の差異と共に、別な解釈によって説明されなければならなくなる。

この新しい見地は、プラトンの思想も文体も、年代によって変化したと考えることによって得られる。『法律』が『国家』よりも後の作であることは、アリストテレス（*Politica*, B 6, 1264b26-27）の証言するところであり、それが遺稿のごときものであった（Diogenes Laertius III. 37）とさえ言われているのであるから、これと類似語の多い著作が後期のものとされ、他が前期のものとなり、その間の順序が文体や内容の細密な研究によって、いろいろに推定されることになった。しかしこれも大体の前後を推定することはできても、細かい順序をきめることは困難の模様で、問題はなお残されている。また真偽論についても、『エピノミス』と『書簡』については、まだ議論が分れているところがある。

真偽論と著作年代の問題について、一般的な叙述を求めるなら、

H. Raeder, *Platons philosophische Entwicklung*, Leipzig, B. G. Teubner, 1905.

が手頃であろう。もっと具体的な取り扱い方を知るのには、

W. Dittenberger, Sprachliche Kriterien für die Chronologie der platonischen Dialoge (*Hermes*, 16, 1881, SS. 321-345).

M. Schanz, Zur Entwicklung des platonischen Stils (*Hermes* 21, 1886, SS. 439-459).

C. Ritter, *Untersuchungen über Plato, Die Echtheit und Chronologie der platonischen Schriften*, Stuttgart, W. Kohlhammer, 1888.

H. v. Arnim, *De Platonis Dialogis Quaestiones Chronologicae*, Rostock, Typis Academicis Adlerianis, 1896.

G. Janell, Quaestiones Platonicae (*Jahrbuch für klassische Philologie*, Suppl. 26, 1901, SS. 265-326).

などによるべきである。アルニム、ヤネルにおいては、特にいわゆるhiatus（二語間の母音連続）の問題——前掲ブラスの書（F. Blass, *Die attische Beredsamkeit*）第二巻、四五七頁以下参照——が取り扱われている。

W. Lutosławski, *The Origin and Growth of Plato's Logic, with an Account of Plato's Style and of the Chronology of his Writings*, London, Longmans, Green, 1897.

はこれらの総括的研究を目ざしたものである。同じ著者による、

Idem, Principes de stylométrie appliqués à la chronologie des œuvres de Platon (*Revue des études grecques*, 11, 1898, pp. 61-81).

Idem, Sur une nouvelle méthode pour déterminer la chronologie des dialogues de Platon, Mémoire lu le 16 mai 1896, à l'Institute de France devant l'Académie des sciences morales et politiques, Paris, H. Welter, 1896.

のうち後者は河野与一訳『プラトーン対話篇年代決定の新方法』（一九二九年）となって、岩波の「哲学論叢」の一篇として出ている。これらの研究の大略を知るのに便利である。

なお邦語文献としては、

三井浩「プラトーン哲学資料論」（『哲学研究』第三〇九、三一四、三一五、三一六号、一九四一年十二月、一九四二年五、六、七月）

が方法は新しくないけれども、堅実な研究として推奨したい。

なお『書簡』と『エピノミス』の真偽論については、

H. Raeder, Über die Echtheit der platonischen Briefe (*Rheinisches Museum für Philologie*, 61, 1906, SS. 427-471, 511-542).
R. Adam, *Über die Echtheit der platonischen Briefe*, Berlin, Weidmann, 1906.
R. Hackforth, *The Authorship of the Platonic Epistles*, Manchester, University Press, 1913.
F. Müller, *Stilistische Untersuchung der Epinomis des Philippos von Opus*, s. l., C. Schulze, 1927.
A. E. Taylor, *Plato and the Authorship of the Epinomis*, London, H. Milford, 1929.
J. Harward (tr.), *The Platonic Epistles*, Cambridge, The University Press, 1932.

などが注目される。

真偽論、著作年代の問題については、田中美知太郎『プラトンI』（前出）第III部B参照。

さてかくのごとく、プラトンの著作が年代によって、内容、形式、文体に差異を示すことが明らかになると、プラトン解釈は体系的な見方よりも、発展史的な見地を取るようになって来る。そしてプラトンの思想は、ソクラテスとアリストテレスの間におかれて、その間の連続をたどることが求められるようになる。

H. Jackson, Plato's Later Theory of Ideas（*The Journal of Philology*, 10, 1882, pp. 253ff.; 11, 1882, pp. 287ff.; 13, 1884, pp.1ff., pp. 242ff.; 14, 1885, pp. 173ff.; 16, 1888, pp. 280ff.).

は、プラトンのイデア説が、『パルメニデス』を境にして、前期と後期に分れ、それが非常に違うものであることを、『国家』と『ピレボス』の比較によって示し、一時大いにイギリスの学界を驚かしたものである。この一部は、高田三郎によって邦訳され、『哲学研究』（第一四〇—一四一号、一九二七年十一、十二月）に紹介されたことがある〔ヘンリ・ジャックスン「ピレボス篇とアリストテレスの形而上学第一章第六節」〕。無論、ジャクソン説については、いろいろの批判が行なわれ、そのままには受け入れられなかったが、後のバーネット・テイラー説も、やはり後期思想を区別して、これをプラトン独自のものとなし、前期の思想をすべてソクラテスに帰している点は、ジャクソンと共通の前提に立っていると言うことができる。つまりプラトンの著作にあらわれた前期後期の区別を、プラトン自身の変化として理解するか、あるいはソクラテスとプラトンの間の相違として理解するかという別があるだけである。バーネット・テイラー説については、ソクラテスのところ（J. Burnet (ed.), *Plato's Phaedo*; A. E. Taylor, *Varia Socratica*; *Idem*, *Socrates*）で述べられた。ドイツにおいても、

J. Stenzel, *Studien zur Entwicklung der platonischen Dialektik von Sokrates zu Aristoteles*, 2 Aufl., Leipzig, B. G. Teubner, 1931; 3 Aufl., Stuttgart, B. G. Teubner, 1961.

がやはり後期著作の論理的なイデア説を、『国家』篇に代表されているような、前期の実践的なイデアの考え方から区別し、その変化を説明しようとしている。それはツェラー（Ed. Zeller, *Die Philosophie der Griechen u. s. w.* ＝前出）やナートルプのプラトン解釈（後出）に対立し、マイエルのソクラテス解釈（H. Maier, *Sokrates* ＝前出）に結びつくものであるが、他方また、

W. Jaeger, *Aristoteles*, Berlin, Weidmann, 1923.

などにおいて明らかにされたような、プラトン学徒としてのアリストテレスの初期思想とプラトンの後期思想との連続を明らかにし、後のイデア説批評にあらわれたアリストテレスをも、そのような連絡において見ようと試みている。これはしかしジャクソンも既に試みたことなのである。ただし、これらの発展変化説に対しては、Shorey（*What Plato Said; The Unity of Plato's Thought* ＝いずれも後出）のごとく、反対に統一的立場を強調する傾向もあることを忘れてはならないであろう。ホメロスはじめ他の多くの古典作家の解釈にしばし

ば見られる現象であって、流行によってそのどちらかが優勢になったり劣勢になったりするから、この種の流行にはむしろ警戒しなければならない。

わが国においては、以前においてナートルプのプラトン解釈が行なわれ、後にはシュテンツェルの解釈が受けいれられたけれども、両者ともドイツ哲学的なBegriffをめぐって考えている点は同じで、これだけでプラトン解釈の問題を片づけるのは、決して正しいことではないであろう。しかしこれらの学者の研究は、いろいろ哲学的に興味深い暗示を含んでいるから、よくプラトンのテクストを読んだ上で、これらを利用するのは結構であると思われる。シュテンツェルの著はD. J. Allanによって*Plato's Method of Dialectic*, Oxford, Clarendon Press, 1940と題して英訳されている。シュテンツェルその他の重要な著書は、

J. Stenzel, *Zahl und Gestalt bei Platon und Aristoteles*, Leipzig, B. G. Teubner, 1924; 3 Aufl., Darmstadt, Wissenschaftliche Buchgesellschaft, 1959.

Idem, *Platon der Erzieher*, Leipzig, F. Meiner, 1928; Neudr., Hamburg, F. Meiner, 1961.

Idem, *Metaphysik des Altertums*, München, R. Oldenbourg, 1931.

などである。ナートルプのものでは、

P. Natorp, *Platos Ideenlehre*, 2 Aufl., Leipzig, F. Meiner, 1921.

が代表的である。同じく、

Idem, Über Platos Ideenlehre, 2 Aufl., Berlin, R. Heise, 1925.

も小冊子ではあるが、よく書かれている。またナートルプの師であるコーヘンの、

H. Cohen, *Platons Ideenlehre und die Mathematik*, Marburg, N. G. Elwert, 1879.

も一読されてよいであろう。これは岩波の「哲学論叢」中に高田三郎訳『プラトンのイデア論と数学』(一九二八年)が出ており、原文はH. Cohen, *Schriften zur Philosophie und Zeitgeschichte*, Berlin, Akademie Verlag, 1928 の二冊本のうち、第一巻に収められている。

ところで、このような特殊の解釈を離れて、プラトンの生涯・著作・思想などを全般的に知りたいと思うならば、ツェラーの書(*Die Philosophie der Griechen u. s. w.* =前出)以外に、

G. Grote, *Plato and the Other Companions of Sokrates*, new ed., 4 vols., London, J. Murray, 1885-88.
C. Ritter, *Platon*, 2 Bde., München, C. H. Beck, 1910-23.
U. v. Wilamowitz-Moellendorff, *Platon*, 2 Bde., Berlin, Weidmann, 1919; Bd. 1, 5 Aufl. bearbeitet u. mit einem Nachwort versehen von B. Snell, 1959; Bd. 2, 3 Aufl. bearbeitet u. mit einem Nachwort versehen von R. Stark, 1962.

などが、いずれも大冊ではあるが、どれか読まれてよいであろう。また、

A. E. Taylor, *Plato, the Man and his Work*, London, Methuen, 1926; 6th ed., 1949; repr. (University paperbacks), 1960.
P. Friedländer, *Platon*, 3 Bde., 2 Aufl., Berlin, W. de Gruyter, 1954-60.
K. Hildebrandt, *Platon, der Kampf des Geistes um die Macht*, Berlin, G. Bondi, 1933.
P. Shorey, *What Plato Said*, Chicago, University of Chicago Press, 1933.
L. Robin, *Platon*, Paris, F. Alcan, 1935.

なども、その後の新しい傾向を示すと言えるだろう。なお、このうちテイラーやショーリーの書物は実用的価値が多いかと思う。また Field（*Plato and his Contemporaries* ＝前出）

はバーネット・テイラー説に対する公然たる批評の第一声をあげたものとして注目される。

もっと簡単なものでは、

W. Windelband, *Platon*, Stuttgart, F. Frommann, 1898; 7 Aufl., 1923.

A. E. Taylor, *Plato*, London, Constable, 1922.

などがよいであろう。ウィンデルバントのものは、著作の取り扱いが旧式とはいえ、またテイラーのものは、いわゆるバーネット・テイラー説が表面に少しも出ていないで、両者とも全体的な見通しができてよく書かれている。ウィンデルバントのは、出隆・田中美知太郎訳『プラトン』（大村書店、一九二四年）がある。これより新しいものでは、

A. Diès, *Platon*, Paris, Flammarion, 1930.

がすぐれている。プラトンの哲学思想だけについては、

D. Peipers, *Ontologia Platonica*, Leipzig, B. G. Teubner, 1883.

P. Shorey, *The Unity of Plato's Thought*, Chicago, University of Chicago Press, 1903.

J. A. Stewart, *Plato's Doctrine of Ideas*, Oxford, Clarendon Press, 1909.

P. E. More, *Platonism*, Princeton, Princeton University Press, 1917.
A. E. Taylor, *Platonism and its Influence*, London, G. G. Harrap, 1924.
H. Herter, *Platons Akademie*, 2 Aufl., Bonn, Univertitäts Buchdruckerei, 1952.
J. Burnet, *Platonism*, Berkeley, University of California Press, 1928.
C. Ritter, *Die Kerngedanken der platonischen Philosophie*, München, E. Reinhardt, 1931.
G. M. A. Grube, *Plato's Thought*, London, Methuen, 1935; new ed., Boston, Beacon Press, 1958.

などが注目される。バーネットのものは、出隆・宮崎幸三訳『プラトン哲学』（岩波文庫、一九五二年）があり、リッテルのものはA. Alles の英訳 *The Essence of Plato's Philosophy*, London, G. Allen & Unwin, 1933 がある。

特殊研究はいろいろあって、全部を枚挙はできないが、

Ed. Zeller, *Platonische Studien*, Tübingen, C. F. Osiander, 1839.
H. Bonitz, *Platonische Studien*, 3 Aufl., Berlin, F. Vahlen, 1886.
F. Horn, *Platonstudien*, Wien, A. Hölder, 1904.
C. Ritter, *Neue Untersuchungen über Platon*, München, O. Beck, 1910.

W. F. R. Hardie, *A Study in Plato*, Oxford, Clarendon Press, 1936.

などは、プラトンの後期著作についての研究を主要な内容としている。ただしボーニッツだけは、前期著作についても論じている。なお前期の著作や思想については、

M. Pohlenz, *Aus Platos Werdezeit*, Berlin, Weidmann, 1913.
H. v. Arnim, *Platos Jugenddialoge und die Entstehungszeit des Phaidros*, Leipzig, B. G. Teubner, 1914.
J. Hirschberger, *Die Phronesis in der Philosophie Platons vor dem Staate*, Leipzig, Dietrich, 1932.

などの研究がある。

G. Milhaud, *Les philosophes-géomètres de la grèce, Platon et ses prédécesseurs*, Paris, F. Alcan, 1900; 2e éd., Paris, J. Vrin, 1934.
L. Robin, *La théorie platonicienne des idées et des nombres d'après Aristote*, Paris, F. Alcan, 1908; repr., Hildesheim, G. Olms, 1963.
O. Toeplitz, *Das Verhältnis von Mathematik und Ideenlehre bei Plato*, Berlin, J.

Springer, 1929.

A. Diès, *Le nombre de Platon*, Paris, Imprimerie nationale, 1936.

は前記 Frank (*Plato und die sogenannten Pythagoreer*), Stenzel (*Zahl und Gestalt bei Platon und Aristoteles*) の書と共に、プラトン哲学の数学的側面に興味をもつ研究者のために、いろいろ参考となる書物である。ただし、ディエスの書は、『国家』篇の問題を取り扱った極めて特殊なものである。なお Toeplitz の論文は、長沢信寿訳が『哲学研究』（第二五四、二五九号、一九三七年五、十月）に出ている〔オットー・トェプリッツ「プラトーンに於ける数学と形相論との関係」〕。

E. Barker, *Greek Political Theory, Plato and his Predecessors*, 2nd ed., London, Methuen, 1925.

Idem, *The Political Thought of Plato and Aristotle*, London, Methuen, 1906.

E. Salin, *Platon und die griechische Utopie*, München u. Leipzig, Duncker & Humblot, 1921.

は政治思想について、

R. Lagerborg, *Die platonische Liebe*, Leipzig, F. Meiner, 1926.
C. Ritter, *Platonische Liebe*, Tübingen, Buchdruckerei des Tübinger Studentenwerks, 1931.
L. Robin, *La théorie platonicienne de l'amour*, Paris, F. Alcan, 1908.

はエロスについて、

J. A. Stewart (tr.), *The Myths of Plato*, London, Macmillan, 1905; 2nd ed. by G. R. Levy, London, Centaur Press, 1960.
K. Reinhardt, *Platons Mythen*, Bonn, F. Cohen, 1927.
P. Frutiger, *Les mythes de Platon*, Paris, F. Alcan, 1930.

はミュートスについて、それぞれ参考になる書物だと思う。このほか、

A. Diès, *Autour de Platon*, 2 vol., Paris, G. Beauchesne, 1927.

という二冊本は、プラトン研究の各種の問題に触れているから、研究の大勢を知るのに便利である。また、

H. Leisegang, *Die Platondeutung der Gegenwart*, Karlsruhe, G. Braun, 1929.
も、ドイツに偏してはいるが、プラトン研究の現況を知るのに便利である。またプラトン研究の文献については、詳細は前記ユーベルヴェーク（Ueberweg, *Grundriss der Geschichte der Philosophie*）によらねばならないが、大要はむしろ前記ロバンの書（Robin, *Platon*）巻末の Bibliographie を見る方がよい。

しかしながら、プラトン研究の根本は、プラトンをよく読んで、自分でよく考えてみることである。どんな研究も、この基礎ができていなければ、全くの空中楼閣で、何の意味もない。われわれはさし当り、わが国プラトン研究の主力を、この基礎工事に集中しなければならない。その場合プラトンの原文を精読するには、何よりも自分の努力が大切であるが、なおそのほかに、ヨーロッパのプラトン研究が、過去二千年余にわたって蓄積して来たところのものを利用しなければならない。

いわゆる註釈書は、既にギリシア・ローマ時代から出ているが、われわれがさし当り有効に用いることのできるものは、シュタルバウム以後の註釈書である。ここではそのうちの一部分を、主要なものだけ紹介しておきたい。イギリス物が大部分を占めているが、これまでのところ、この方面ではイギリスの学者が、一番よい仕事をしている。なお一言注意しておきたいことは、これらの註釈書は研究者のためであって、初学者向きの解釈書と同じではないから、不勉強の手助けにはならぬということである。プラトン研究には、註釈もあり、翻訳もあるから、勉強は容易であるなどと考える者もあるが、実際はかえって逆で、いろいろな註釈や研究や翻訳が出ているから、自分だけのいい加減な解釈では通らず、勉強も丁寧にしなければならなくなるのである。そしてそういう勉強が、われわれの訓練とも、修行ともなるわけである。

J. Riddell, *The Apology of Plato*, Oxford, Clarendon Press, 1867.

M. Schanz, *Apologia* (*Sammlung ausgewählter Dialoge Platos*, Bd. 3), Leipzig, B. Tauchnitz, 1893.

J. Burnet (ed.), *Plato's Euthyphro, Apology of Socrates, and Crito*, Oxford, Clarendon Press, 1924.

R. D. Archer-Hind, *The Phaedo of Plato*, 2nd ed., London, Macmillan, 1894.

M. Wohlrab, *Phaedon*, 4 Aufl., Leipzig, B. G. Teubner, 1908.

J. Burnet (ed.), *Plato's Phaedo*. (前出)

L. Campbell, *The Theaetetus of Plato*, 2nd ed., Oxford, Clarendon Press, 1883.

M. Wohlrab, *Platonis Theaetetus*, Leipzig, B. G. Teubner, 1891.

F. M. Cornford, *Plato's Theory of Knowledge*, London, K. Paul, Trench, Trubner,

1935.
田中美知太郎訳、プラトン『テアイテトス』岩波書店、一九三八年（『田中美知太郎全集』第二巻、筑摩書房、一九七〇年所収）
L. Campbell, *The Sophistes and Politicus of Plato*. (前出)
O. Apelt, *Platonis Sophista*, Leipzig, B. G. Teubner, 1897.
W. W. Waddell, *The Parmenides of Plato*, Glasgow, J. Maclehose, 1894.
A. E. Taylor, *The Parmenides of Plato*, Oxford, Clarendon Press, 1934.
J. Wahl, *Étude sur le Parménide de Platon*, Paris, F. Rieder, 1926; 4e éd., Paris, J. Vrin, 1951.
F. M. Cornford, *Plato and Parmenides*, London, K. Paul, Trench, Trubner, 1939.
Ch. Badham, *The Philebus of Plato*, 2nd ed., London, Williams and Norgate, 1878.
E. Poste, *The Philebus of Plato*, Oxford, Oxford University Press, 1860.
R. G. Bury, *The Philebus of Plato*, Cambridge, The University Press, 1897.
G. F. Rettig, *Platonis Symposium*, 2 vols., Halle, Libraria Orphanotrophei, 1875-76.
R. G. Bury, *The Symposium of Plato*, Cambridge and London, Heffer, Simpkin, Marshall, 1909.
W. H. Thompson, *The Phaedrus of Plato*, London, Whittaker, 1868.
田中美知太郎・藤沢令夫訳『プラトン著作集　パイドロス』岩波書店、一九五七年

P. Friedländer, *Der Grosse Alcibiades*, Bonn, F. Cohen, 1921.
E. H. Gifford, *The Euthydemus of Plato*, Oxford, Clarendon Press, 1905.
W. H. Thompson, *The Gorgias of Plato*, London, Whittaker, 1871.
田中美知太郎・加来彰俊訳『プラトン著作集　ゴルギアス』岩波書店、一九六〇年
D. Tarrant, *The Hippias Major, attributed to Plato*, Cambridge, The University Press, 1928.
B. Jowett and L. Campbell, *Plato's Republic*, Oxford, Clarendon Press, 1894.
J. Adam, *The Republic of Plato*, 2 vols., Cambridge, The University Press, 1902; 2nd ed. with an introduction by D. A. Rees, Cambridge, Cambridge University Press, 1963.
R. L. Nettleship, *Lectures on the Republic of Plato*, 2nd ed., London, Macmillan, 1901; ed. by L. Charnwood, London, Macmillan, 1925.
Th. H. Martin, *Études sur le Timée de Platon*, 2 vol., Paris, Ladrange, 1841.
R. D. Archer-Hind, *The Timaeus of Plato*, London, Macmillan, 1888.
J. C. Wilson, *On the Interpretation of Plato's Timaeus*, London, D. Nutt, 1889.
A. E. Taylor, *A Commentary on Plato's Timaeus*, Oxford, Clarendon Press, 1928.
F. M. Cornford, *Plato's Cosmology, The Timaeus of Plato*, London, Routledge & K. Paul, 1937.

C. Ritter, *Platos Gesetze*, Leipzig, B. G. Teubner, 1896.
E. B. England, *The Laws of Plato*, 2 vols., Manchester and London, University Press, Longmans, Green, 1921.
A. E. Taylor, *The Laws of Plato*, London, J. M. Dent, 1934.
W. Andreae, *Briefe*, Jena, G. Fischer, 1923.
E. Howald (hrsg.), *Die Briefe Platons*, Zürich, Seldwyla, 1923.
(L. A. Post, *Thirteen Epistles of Plato*, Oxford, Clarendon Press, 1925.)
(F. Novotny, *Platonis Epistulae Commentariis Illustratae*, Brünn, Masarykovy University, 1930.)
J. Harward (tr.), *The Platonic Epistles*.（前出）
Idem, *The Epinomis of Plato*, Oxford, Clarendon Press, 1928.

などが註釈書と解説書の主要なものである。

またこのほか、プラトン辞典のようなものが要求されるであろうが、それには、

Fr. Ast, *Lexicon Platonicum*, 3 vols., Leipzig, Weidmann; Unveränderter Nachdruck der Ausgabe, Bonn, R. Habelt, 1956.

の二冊本がある。もっとよい辞典をつくることがL. CampbellとJ. Burnetの協力によって企てられたことがあるけれども、ついに実現に至らなかった。ティマイオスの『プラトン語解』は、特殊な言葉だけを取り扱ったものである。一般の研究者のためにはDidot本(Hirschig et Schneider, *Platonis Opera* ＝前出）のIndex、一般の読者のためには、O. Apeltのプラトン翻訳（*Platons Dialog* ＝前出）のPlaton-Indexあるいはナートルプの『プラトンのイデア論』（*Platos Ideenlehre* ＝前出）の索引などが、ある程度まで役立ち得るであろう（なお近年コンピューターを用いたL. Brandwood, *A Word Index to Plato*, Leeds, W. S. Maney, 1976が刊行されている)。

E

プラトン学派の人々については、

P. Lang, *De Speusippi Academici Scriptis. Accedunt fragmenta*, Bonn, Typis C. Georgi, 1911.

R. Heinze, *Xenokrates, Darstellung der Lehre und Sammlung der Fragmente*, Leipzig, B. G. Teubner, 1892.

O. Voss, *De Heraclidis Pontici Vita et Scriptis*, Rostock, Typis Academicis Adlerianis,

1896.

などに、個々の史料が集められているし、

S. Mekler, *Academicorum Philosophorum Index Herculanensis*, Berlin, Weidmann, 1902.

には、プラトンとその学派の歴史について、貴重な材料が与えられている。一般的な記述としては、

F. W. Bussell, *The School of Plato, its Origins, Development and Revival under the Roman Empire*, London, Methuen, 1896.

という書物がある。簡単な記述は、Zeller (*Die Philosophie der Griechen u. s. w.* ＝前出）の二の一を見ること。

付記　洋書文献は大部分を筆者が直接所持しているもの、および京都大学文学部図書室に所蔵されているもののうちから選んだ。邦語文献については、筆者の目に触れたもの、記憶しているものだけを挙げたの

で、まだこのほかにも注目すべきものが多数あるかも知れない。

ヘラクレイトスの言葉

一（2）

ことわりは、この通りのものとして、つねにあるのだけれども、人間どもはこれがわからないことになる、これを聞かなかった以前も、一度これを聞いてからも。なぜなら、万物の生成はここに言われていることわりに従っているのだけれども、彼らはそんなためしを知らぬ様子でいるからだ。言葉の上でも実際においても、そのためしはあるはずだのに。それはちょうどわたしが、それぞれのものを自然の本性に従って分明にし、そのあり方をあらわにするという仕方で、くわしく取り扱うような、そういうことのためしなのだ。しかしほかの人間どもは、ねむっている時の所業を忘れているように、さめている時の所業にも気づかないのだ。

現存の断片中もっとも長い文章であるが、意味は必ずしも明らかでなく、解釈もいろいろに分れていて、どのような訳文も異議をまねくだろう。旧訳（田中美知太郎訳『ヘラクレイトスの言葉』弘文社（アテネ文庫）、一九四八年）は意味深長となるのを、むしろきらって平俗になりすぎたようなので、その点を少し直してみた。

最初のロゴスの意味は、語源、類例、コンテクストによって、いろいろの解釈が試みられているが、決定的なことは言えないように思う。ここでは断片五〇などによって、断片四一の智によって志向されている内容で、智の志向と重なるようなもの、また従って、言葉そのものよりも、言葉に言われているものとも重なるようなものを、ロゴスの語義のうちから選んでみた。数え勘定し、説明し、話すことは、意味や意図を明らかにすることにもなるからである。旧訳の解釈よりもDiels, Fränkel, Kirkの解釈にいくらか近接したことになるかも知れない。

「ことわりは……つねにある」の「つねに」をどこに掛けるかは、すでにアリストテレス（*Rhet.*, III. 5, 1407b15）の注意しているように、むかしから問題なのであって、今日でも学者の間の意見は一致していない。それぞれに理くつがあるけれども、決定的ではない。もう一つの解釈は、「これを聞かなかった以前も、一度これを聞いてからも」にかけて、「相変らずいつも」の意味にするものである。

「わからないことになる」は、旧訳では「つねにある」への対立で、「なる」を強調して「過ぎて行く」としたけれども、今度はその強調を不必要とする説に従って、「わからないでしまう」というような、結局の結果を示すことにした。

最後の「忘れている……気づかない」は、旧訳では「気にとめない……気がつかない」というように、調子を揃えたけれども、そういう無理をする必要はないと思ったから、不揃いのままに訳しておいた。

二（92）

だから、すべてに通ずる公的なものには従わねばならないのだ。しかるにここに言われているることわりは、すべてに通じる公的なものとしてあるにもかかわらず、多くの人間の生き方は、自分ひとりだけの私的な思慮しかないかのようである。

一一四、八九など参照。

三（0）

人間の足の幅。

太陽の大きさについて語った言葉のうちの一句。

四（0）

もし幸福が、肉体をよろこばすことにあったのなら、牛がヤハズエンドウのにがい草を見つけて食べようとするのを、われわれは幸福だと言っただろう。

「もし幸福が」という条件文は、ヘラクレイトスの言葉かどうか、疑問とされている。われわれには食べられないものも、牛はよろこんで食べるというような意味のことは、九、一三、六一などにも類例がある。

五（130 126）

しかし身を清めるといっても、あらたな血で身をけがしてのことなのだ。まるで泥にはまりこんだ者が、泥で身を洗いきよめようとしているようなものだ。こんな所業を世間の誰かが気をとめて見るとすれば、狂気の沙汰と思うだろう。またそこらの御神像に祈るのも、まるで堂宇に話しかけているようなもので、神々が何であり、英霊が何であるのか、ちっとも識(し)りはしないのだ。

古人の引用では、「こんな所業を……」という中間の文章は、アリストクリトス以外には出て来ないので、ヘラクレイトス自身の言葉として取り扱われない場合もある。「神を識る」という言いあらわしは、現存の文献としては最も古いとされている。この句は、形式的には「話しかける」にかかるが、意味の上では「祈る」にかけてよいだろう。

六（32）

太陽は日ごとに新しい。

七（37）

万物がけむりとなれば、鼻がそれを識別することになるだろう。

八（46）

反対するものが協調するのであり、相違するものから、最も美しい音律が生まれる。そしてすべては争いによって生ずる。

これはヘラクレイトス自身の言葉ではなくて、五一、八〇などに言われているヘラクレイトスの考えを要約再説したものであるという説（Kirk）もある。DK（H. Diels u. W. Kranz, *Die Fragmente der Vorsokratiker*）は最後の文章をけずっている。ただ最初の「反対する」の原語は、純粋のイオニア方言なので、全部を抹殺することはできないようである。なお「協調する」には「利益をもたらす」の意味もある。「最も美しい」と対応させて考えることができないかどうか。

九（51）

ろばは黄金よりもむしろわらくずをとる。

四、一三など参照。

一〇（59）

全きものと全からざるものとはいっしょにつながっている。行くところの同じものも違うものも、調子の合うものも合わないものもひとつづきだ。万物から一が出てくるし、一から万物も出てくる。

二六、五一など参照。第二句は「行くところの同じものが違うもので、調子の合うものが合わないものなのだ」と、独立に訳してもよいかも知れぬ。冒頭の単語については、Lorimeri, Snell, Kirk の読み方だと、「一つにまとめられるのは」という意味になるかも知れない。しかしそれ以上の解釈は、第三句の解釈に無理が出て来るように思われる。

一一（55）

すべて牧畜には笞（むち）を用いる。

一二（41 42）

河は同じでも、その中に入って行く者には、あとからあとから違った水が流れてくる。しかしたましいも、その水から蒸発するのだ。

前半の文章と後半の文章は、うまく続かないので、いろいろな取り扱いが考えられる。これを全く別のつづきの文章として区別するか、あるいは用語に疑点のある後半の文章を否定することも考えられる。しかし蒸発説そのものはヘラクレイトスのものであると言われる。Aristoteles, *De anima*, I. 2, 405a26 参照。なお河についての言及は九一を参照。

一三（54）

泥をよろこぶ……。

「豚は清水よりも泥水の方をよしとする」というような意味の言葉の一部であったろうと想像される。

一四（124 125）

夜まいりをしたり、呪い（まじな）をしたり、バッコスを祭ったり、狂乱したりする、密教の徒に対して*……。なぜなら、世間で普通に行なわれている密教の密儀というものは、実にけがらわしいものだから。

* これらの徒に対して、ヘラクレイトスは死後に刑罰があることを警告していたと言われる。

一五（127）

行列をつくったり、性器の歌をうたったりするのが、もしディオニュソスのためでなかったとしたら、ひとびとのこの所業はこの上なく恥しらずなものであったろう。しかし彼らが狂乱して、酒樋の祭を捧げているディオニュソスは、ハデス*と同じなのだ。

* ハデスは地下幽冥界の王。ディオニュソスとの同一ということは、生と死の即一を指すのであろう。六二、八八など参照。「酒樋の祭を捧げる」（lenaizein）は、lenai が lenos に由来するかどうか確かではな

いので、やかましく言うと正確な訳語ではないかも知れないが、他に適訳がないので、しばらくこのままにしておく。ヘラクレイトスのこの断片語も、当時のディオニュソスの祭について知るための手がかりとして珍重される。

一六（27）

決して没することのない者を前にして、ひとはどう身をくらますことが出来るというのだ。

日常の光は没することがあって、暗やみがひとの所業をかくすことがあるかも知れないが、知性的な光の前には、われわれの心に思うこともかくせないというような意味あいで引用されている。

一七（5）

そういうことには、ぶつかることはぶつかっても、それらしい考えをしない者が多いのだ。教えられても分らないで、自分だけの思いにふけっている。

二参照。アルキロコス（Fr. 68）は、人間の考えは、たまたまぶつかった出来事の如何に左右されると歌っているが、ここではその逆が主張されている。

一八（7）

予想しなければ、予想外のものは見出せないだろう。それはそのままでは捉え難く、見出し難いものなのだから。

一九（6）

聞くことも、話すことも知らぬやから。

二〇（86）

生まれてから、生きて行くつもりになるが、それはまた死を覚悟することなのだ。そして子供を後にのこすが、それは死なせるためなのだ。

二一（64）

目ざめてからのわれわれが見ている限りのものは、いずれも死なのだ。そして寝てから見るのは、いずれも眠りなのだ。

　後半の文章は意味が判然しない。Diels は、更に「死して見るのは、すべて生である」というような句が続くものと考えようとしている。しかし「目ざめて——寝て」に対して、「死して」を補う必然性も少ないし、「寝てから見るのは、いずれも眠りなのだ」という言葉の意味も、別に判然とはして来ない。愚案を提出することが許されるなら、原文における「死」（タナトス）と「眠り」（ヒュプノス）が入れかわったものと見て、これをおきかえれば、「目ざめてからのわれわれが見ているのは、すべてが眠りであり、寝てからのわれわれが見るのは、いずれも死である」というように読まれ、これを二六の言葉に連絡させて考えれば、一通りの意味も得られるのではないか。目ざめは眠りに接し、眠りは死に接するわけである。

二二（8）

黄金を探す者は、少しの黄金を見つけるのに、多くの土を掘る。

二三（60）

ディケーの名を彼らは知らなかったであろうに、もしもそれらのものがなかったなら。

ディケーは社会秩序や規律、あるいはその違反に対する司直、さばきなどの神格化されたもの。文中の「それらのもの」が何を指すか明らかでないが、個々の違反行為、不正の事実などを指すのであろう。

二四（102）

戦死者は神も人もうやまう。

二五（101）

死をもたらすものが偉大ならば、死後の分け前もまた偉大である。

あるいは「大いなる死は、それだけまた大いなる尊敬を受ける」と訳してもよいであろう。「死」（モロイ）と「分け前」、「尊敬」（モイライ）とは、一種の語呂合せになっている。

二六（77）

人間は夜になると明りをつける。自分の眼の明りが消えるからだ。しかし生者も、眠れば死者に接続し、目ざめている時でも、眠っている自分に接続しているわけなのだ。

ここの原文については、いろいろな意見が出ている。W. Kranz の案が今のところ一番妥当だと思う。いろいろの意見については Ed. Zeller, *Die Philosophie der Griechen in ihrer geschichtlichen Entwicklung*, 6 Aufl., hrsg. von W. Nestle, Leipzig, O. R. Reisland, 1919-20, 6 Aufl., S. 887 の W. Nestle の注を見よ。全文の思想は二一のそれと同様だと考えられる。文中「明りをつける」と「に接続し」とは、原語では同じ言葉を二義的に使用したもので、例の如きヘラクレイトス好みの言葉づかいとなっている。

二七（122）

死後に人間を待っているのは、彼らが予期もしなければ、また思いもかけないようなものなのだ。

二八（118）

評判の最も高い人といったところで、評判のものを知っているというだけなのだ。しかしうそのこしらえごとをしたり、うその証言をしたりする者を司直の神が捕えるだろう。

原文は Burnet の案に従ったが、Schleiermacher, Diels の案なら、「評判の高い人が知っているもの、大切にしているものというのは、評判のものというだけだ」となるだろう。ここで「評判の」と訳した原語は、一七で「自分だけの思い」と訳した「思い」と同じ。「……と思われている」のが「評判」というものである。

二九（111）

最上のひとは、すべてをすてても一つをえらぶ。不朽のほまれをとって、死滅すべきものをすてる。* しかし大多数の者どもは、さながら家畜の如くに飽食するだけですんでいる。

* 「すべて」と「一つ」、「不朽」と「死滅」の対句の解釈は、Diels, Kranz において採用されている Wenkebach (Beiträge zum Text und Stil der Schriften Dions von Prusa, *Hermes*, 43, 1908, S. 91 f) 説に従った。「トゥネートーン」(thnetōn) の前に「アンティ」を補って考える読み方である。他の Wilamowitz-Moellendorff (*Griechisches Lesebuch*, Berlin, Weidmann, 1902), Burnet の説では、「世に不朽のほまれを」という説になる。

三〇（20）

この全体の秩序は、神や人の誰かがこれをつくったというようなものではない。むしろいつもあったのだ。そしていまもあり、これからもあるだろう。いつも生きている火として、きまっただけ燃え、きまっただけ消えながら。

「全体の秩序」と訳した原語コスモスは、この文章のコンテクストでは、そのまま「世界」あるいは「宇宙」の意味に解し得るものである。ただコスモスが簡単に「世界」の意味になるのは、時代的にもう少し後ではないかという疑義があるので、古いもとの意味の「秩序」を表に出して訳しておくことにした。旧訳の「すべてに同じ」という形容は、シンプリキオス、プルタルコスなどの引用にもないのでReinhardt, Kirk説に従ってこれを除くことにした。「きまっただけ」の意味は、次の断片の「同じだけの分量」というのと同じつづきのものであろう。

三一（21 23）

火は転化してまず海となり、海が転化して、半分は地となり、半分は竜巻（たつまき）となる。地は溶けて海となるが、計ると、以前それが地となる前にあったのと、同じだけの分量になる。

「竜巻」の訳語、これで充分かどうか分らない。電光を伴うと解され、風と火の上昇が水をまき上げる形で想像される。火から水、水から土、土から水、水から火の転化の、水から土と、水から火の二つを言ったものであろうという解釈（Kirk）もある。

三二（65）

智なるものは唯一つあるだけだ。これをゼウスの名で呼ぶことは、その意にそむくことでもあるし、またその意にかなうことでもある。

三三（110）

一人の意に従うことも法なのだ。

三四（3）

聞いて分らないから、つんぼのようなものだ。「いてもいない」という言葉は、彼らのためにある言葉なのだ。

三五（49）

智を愛し求める人は、実に実に多くのことを探究しなければならない。

三六（68）

たましいにとって、水となることは死である。また水にとって、土となることは死である。しかし土からは水が生じ、水からはたましいが生ずる。

一二参照。ホメロス『イリアス』第七歌九九行に、「お前たちは一人のこらず水と土になるがよい」という言い方で「死」のことが言われている。

三七（53）

豚は汚物に浴し、家禽は塵埃や灰塵に浴している。

一三参照。

三八（33）

タレス（はじめて）……（天文）……。

三九（112）

プリエネには、テウタメスの子のビアスがいた。あれは他の者どもよりずっと話になる人物だった。

プリエネはイオニア十二都市の一つ、ビアスはいわゆる七賢の一人。タレス（三八）、ピュタゴラス（四〇）、クセノパネス（四〇）、ヘカタイオス（四〇）、ヘルモドロス（一二一）などの場合と同じく、ビアスの場合にも、ヘラクレイトスのこの断片的な言葉が、最も古い証言として、史料的な価値をもつことが知られねばならぬ。

四〇（16）

博学は覚悟（さとり）を教えるものではない。もしそうだったら、ヘシオドスにもピュタゴラスにも、また更にクセノパネスにもヘカタイオスにも教えたはずだ。

なぜこの四人の名が並べられているのか、くわしい事情は不明である。神統記をつくったヘシオドス、輪廻転生とその解脱を説いたピュタゴラス、宗教批判者クセノパネス、ヘロドトスに先行する歴史地理学者というよりも、むしろ系譜家としてのヘカタイオスなどが、何かヘラクレイトスの特別な関心を呼ぶようなものを共通にもっていたのであろうと考えられる。

四一（19）

智はただ一つだ。すべてのものがすべてを通じて、どのように操作されるかの判断をよくすること。

Bywater, Walzer の読みに従う。

四二（112）

ホメロスは競技場から当然ほうり出さるべき者、笞うたるべき者だ。アルキロコスもまた同じ。

四三（103）

暴慢不敬の情を消すことは、火事を消す以上の急務だ。

四四

人民は法を守るために戦わなければならない。それは城を守るのと同じことだ。

一一四参照。

四五（71）

たましいの際限は、どこまで行っても、どの途をたどって行っても、見つかることはないだろう。計ればそんなに深いものなのだ。

四六（132）

ひとりよがりは気違い……。

Bywater はこれをヘラクレイトスの言葉ではあるまいと疑っている。

四七（48）

最も大切なことがらについて、いいかげんな推量はしないようにしたい。

四八（66）

かくて、弓にはビオス（生）という名があるけれども、実の仕事は死なのだ。

ビオスというギリシア語は、ビにアクセントがあれば、生を意味するけれども、オスにアクセントがあれば、弓を意味することになる。ヘラクレイトスの好む言葉のあそびとも取られるであろう。

四九（113）

わたしには、一人でも、最上の人なら、千万人に当たる。

四九ａ（81）

同じ河にわれわれは入って行くのでもあり、入って行かないのでもある。われわれは存在すると共に、また存在しないのである。

一二、九一など参照。肯定し否定する言い方については、三二参照。セネカ（Seneca, *Epist.*, 58）は、「ものが変化すると言っている間に、当の私自身も変化しているのであって、それがヘラクレイトスの、同じ河に二度われわれは入って行くし、また入って行かないという、あの言葉の意味なのです。つまり河の名は同じままに止まっていても、河の水は移りかわってしまうのです。これは人の身よりも、水の流れの上に一層明らかにあらわれてはいますが、しかし私たちの上にも、これに劣らぬ早い流れが経過しているのです」と言っている。

五〇（1）

わたしに聞くというのではなくて、言われていることわりそのものに耳を傾けて、万物が一つであることを、言われている通りに認めるのが智というものだ。

「智」については、三二、四一、ロゴス（言われていることそのこと、ことわり）については、一、二など、万物の一であることについては、一〇、六〇など参照。なお「言われている通りに認める」の原語ホモロゲインは、「言葉を合わせる」の意味であって、はじめの「言われていることわり」（ロゴス）に合わせて用いられているわけである。

どうして行き違いが同行（和合）になるのか、彼らにはのみこめないのだ。逆方向へと引っぱり合うことでの結びつき（調和）ということがあるのだ。弓やリュラ琴がちょうどその例になる。

五一（45 56）

プラトンは『饗宴』（一八七A）や『ソピステス』（二四二D―E）で、ヘラクレイトスのこの言葉に言及しているが、そこではここに「結びつき」と訳した原語（ハルモニエー）が、もっぱら音楽的な意味に解されている。これはようやくヘラクレイトスの時代ころに現われる新しい意味ではあるが、この断片解釈に用いることは可能である。しかしハルモニエーを音楽的な意味に取ってしまうと、弓の場合がうまく解けなくなる。プラトンはこれを今日のハーモニーに近いシュンポーニアーの意味にさえ解しようとしているのであるが、断片の語義解釈としては無理を感じていたようである。ここではホメロスにさかのぼられる古い意味の「接合」、「合意」などに結びつけ、テクストもWalzer, Kirkの案に従って読むことにした。シュムペレタイとパリントノスを取るということである。なお八、一〇など参照。

五二（79）

人生は小児の遊戯だ、将棋遊びだ。主権は小児の手中にある。

＊　直訳すれば、「遊ぶ小児だ」（パイス・パイゾーン）となる。ひとの一生を遊びという状態で想像するよりも、遊んでいる小児として思い浮かべる方が、あるいは適切なのかも知れない。なおホメロス『イリアス』第一五歌三六二―三六四行には、海浜で砂あそびをする子どものことが、アカイア人の陣屋の防壁を易々とこわしてしまうアポロンの所業に関連してのべられている。

五三（44）

戦いが万物の父であり、万物の王なのだ。すなわちそれはあるものを神として示し、他のものを人間として示した。またあるものを奴隷となし、他のものを自由市民となした。

五四（47）

あらわれている結びつき（調和）よりあらわれていない結びつき（調和）の方がすぐれている。

五一の注参照。

五五（13）

何でも見たり、聞いたり、学んだり出来るものを、わたしとしてはまず尊重する。

三五、一二二など参照。

五六（47注）

人間はあらわれているものを知るのに、ホメロスみたいなやられ方で、すっかり騙されてしまっている。しかもホメロスといえば、ギリシア人の全部よりも賢かったのだ。その騙された話というのは、漁師の子どもたちが、虱をつぶしていて、こう言ったというのだ。見つけて捕えた分は、みなおいて行くが、見つからず、つかまえられなかった分は、みな持って行くというのだ。

この全文がヘラクレイトスの言葉であるかどうか、学者（例 Bywater）によっては、これを疑う者もある。ホメロスの場合というのは、彼が漁師の子どもたちに、何か漁があったかとたずねたら、子どもたちが右のような謎を答えたので、彼には分らなかったという話を指すのであろうと考えられる。Homerus, *Epigrammata* (ed. Monro), 17 参照。

五七（35）

しかし大多数の者の教師となっているのはヘシオドスだ。彼らはヘシオドスが一番多く知っていると信じこんでいるのだ。しかしその彼は昼と夜が何であるかも識るのがなかなか出来ないような人物なのだ。すなわち昼夜は一つなのである。

ヘシオドスの『神統記』（*Theogonia*, 124）には、昼が夜から生じたと記されている。また他のところ（同書、七四四―七五七行）にも、両者は別ものとして取り扱われている。

五八（58）

医者は切ったり、灼いたりして……報酬を要求する、その仕事だけでは、取り立てる筋は少しもないわけだけれども。

しかし健康を回復させるという結果になれば、その加害という悪行がまた善行になるので、報酬をもらう意味が出て来るというわけであろう。原文についてはいろいろの議論があるけれども Bywater が注で提案しているような簡単なもの、つまり Kirk の案に従った。ただし医者が正当に支払われていないと解することには無理があるように思う。これを善悪即一の説に関係させるのは、アリストテレスに始まる別解釈によるもので、ヘラクレイトス自身の考え方とすぐに同じとは言えないようである。

五九（50）

洗張(あらいはり)につかう刷梳(こきくし)の動きは、まっすぐで曲っているが、同じ一つのものなのだ。

どんな刷梳をどんな風につかうのか、くわしいことは分らない。布地を洗って乾かしてから、毛のみだれを直すのに、櫛や刷毛のようなものを用いて、上からつるされた布地を一種の仕方で擦(こす)るものと想像される。その場合、上から下へ縦糸(たていと)の方向にまっすぐに動かされる刷毛は、布地がへこんで、曲線を描くことにもなる。ヘラクレイトスは、このような場合を考えていたのではないかと愚考する。しかし他の説明(Hippolytus, Diels)では、刷梳なり、何なりに、廻転や旋回を考えねばならないようであるが、その構造はあまり判然せず、ヘラクレイトスはただ「曲っている」というだけであるから、そんなふうに考えなければならぬ必然性もないように思う。洗張の仕事については H. Blümner, *Technologie und Terminologie der Gewerbe und Künste bei Griechen und Römern*, 2 Aufl., Leipzig, B. G. Teubner, 1912, SS. 177-179 参照。

道は上りも下りも同じ一つのものだ。

六〇

三一、三六などに言われている火と水と土の転化の上下に関係すると見るのが Diogenes Laertius IX. 9 などに見られる一つの解釈であるが、このような自然現象に限られない他の解釈も昔から試みられている。

六一（52）

海の水は大へん清いとも、大へん汚いとも言える。魚はこれを飲んで生命を保つが、人間にはこれは飲めないし、生命を失なわせる。

六二（67）

死なぬ者が死ぬ者であり、死ぬ者が死なぬ者なのだ。たがいに他の死を生き、他の生を死んでいる。

七七、三六など参照。

六三（123）

立ち上ることと、生者死者の目ざとい番人となることが、かしこにある者に……。

この言葉を引用しているヒッポリュトスは、肉のよみがえりと、このようなよみがえりが神の力によって行なわれるという考えを、ヘラクレイトスの言葉のうちに見出そうとして、これを引用しているけれども、ヘラクレイトスの意味が何であったかは判然しない。立ち上ることに関しては、ギリシア密教の儀式に、信者が不浄のまま、暗い中で地面にふしていると、神の使いである神官が現われて、これを地面から起こし、汚れをぬぐい去り、たいまつに火をつけてやるので、それに関係すると見、かく清められた者のダイモン化が、ヘシオドス（*Opera et dies*, 107）におけるが如く、死後において生ずるという考えを、「生者死者の番人」という言葉において見るという見方もある。H. Diels, *Herakleitos von Ephesos*, 2 Aufl., Berlin, Weidmann, 1909, S. 22. しかし「立ち上る」と「番人となる」が、ヘラクレイトスにおいて、果して同じつづきにある言葉であったかどうかは、疑問であると言える。

六四（0）

万物の舵（かじ）をあやつるは電光。

六五（0）

不足と過多……。

六六（0）

すなわちすべてのものには、火が来たって、これを裁き、罪におとすであろう。

これは前の六四、六五と共に、ヘラクレイトス引用の多いヒッポリュトス（Hippolytus, *Refutatio omnium haeresium*）のなかの一連の文章（IX. 10. 6）から拾い出されたものであるが、ここではヘラクレイトスの言葉が、ストア派的解釈に媒介されて、キリスト教の立場から利用されていて、どこまでがヘラクレイトスのものか区別しにくい。この六五については、ヘラクレイトスのものでないとする説（Reinhardt, Kirk）も有力である。

六七（36）

神は昼夜である、冬夏である、戦争平和である。それが一から他に変わるのは、ちょうど火に香をくべると、それぞれの持ち味で、ちがって呼ばれるのと同様だ。

香と混合されるのが火（Diels）か、軟膏をつくる土台になるオリーブ油（Fränkel）か、あるいは酒か、いろいろの案が出されている。

六七a（0）

蜘蛛は網の巣のまん中に坐っていても、その自分の巣のどの糸かが蝿に破られたりすると、たちまちそこへ急いで走って行くが、それはまるで糸の破れに苦痛を覚えるかのようだ。人間のたましいもそれと同じことで、身体の何処か一部がそれに傷つけられると、そこへ急行する。それはまるで自分がしっかりと、同じ割合いに結びつけられている、その身体の傷には堪えられないかのようだ。

六八（129）

（おそるべき害悪を癒し、たましいを健全にするはずの）医薬。

六九（128）

（供物には二種類ある。一つはすっかり清められた人間のそれで、時たま一人か、あるいは数えるばかりのわずかの人間に生じ得るようなもの。もう一つは……）

どこまでがヘラクレイトスの言葉であり、思想であるのか区別しにくい。

七〇（79注）

子供たちの玩具……。

人間の考えについて言われた言葉だとされている。

七一（73注）

どこへ行く途なのかを忘れている者。

七二（93）

不断に交渉することの最も多いものに対して、彼らは仲違いをしている。また毎日ぶつかっているものが、彼らには見知らぬよそのものと見えるのだ。

なお原文のうち「不断に交渉するもの」を「全体を治めるロゴス」と言いかえるのは恐らく引用者マルクス・アウレリウスのストア的解釈であって、ヘラクレイトス自身の言葉ではないと思うから、Burnet の意見に従って省略した。一七、三四など参照。

七三（49）

眠っている者のような言行があってはならぬ。

七四（97注）

親の子というだけではいけない。

Anthologia Palatina, VII. 79 によって見ると親に盲従することを非としたものらしいが、後には親不孝

のすすめとも曲解されたらしい。

七五（90）

眠っている者も働いている。宇宙の出来事に共同して働いている。

呼吸はひとが眠っている間も行なわれているが、それによって物質的元素の交流も行なわれ、宇宙全体の生成にも参与していることになる。但し、ここの全文がヘラクレイトスの言葉のままであるかどうかは疑わしい。この言葉を引き合いに出しているマルクス・アウレリウスは、大意を記憶によって述べているように思われるからである。

七六（25）

A　火は土の死を生き、空気は火の死を生き、水は空気の死を生き、土は水の死を生きる。

B　火の死は空気にとっての生成であり、空気の死は水にとっての生成なのである。

C　火の死は空気の生成である。

D　土の死は水となることであり、水の死は空気となることであり、空気の死は火となることだ。そしてその逆もまたしかり。

Aは Maximus Tyrius、B、Cは Plutarchus、Dは Marcus Aurelius の引用である。言い方は少しずつ違っているが、思想は同じであると言える。Aの言い方が一番独特であるが、六二、七七にも類似の言い方があるので、ヘラクレイトスの言い方として認めるのに、特別の困難はない。B以下の言い方は、三六にも見られる。言い方は違っても、思想は同じと考えてよいだろう。なお二六、二一、八八など参照。またここで火、空気、水、土のいわゆる四元を揃えている点が、疑問になるかも知れない。いわゆる四元説はエンペドクレスを待たねばならないと考えられるからである。しかしいわゆる四元説を唱えることと、水や空気や土や火を何か物質の基本的なものと認めることとは別であって、これらの相互変化は、すでにアナクシメネスによって考えられていたと言うことができるだろう。なお一二六の冷熱湿乾の四単位を参照。ただ三六、三一、一二などで、水につづくものが土と火であって、空気ではないのではないかと考えられるので、Diels 案のごとく原文を「火は水の死を生き、水は火の死、あるいは土の死を生き、土は水の死を生く」というように改める方が無難とも考えられるであろう。しかし「竜巻」や「たましい」を火に限定してしまうことそのことにも問題があるだろう。竜巻はまた風であり、たましいは生死と共に考えられるものとすれば、生死は火だけに限られないからである。

七七（72）

たましいにとってのよろこびは、うるおいを得ることだ。
われわれはたましいの死を生き、たましいはわれわれの死を生きる。

この二つの文章のつながりははっきりしない。三六によってみると、「うるおいを得ること」が「水となること」に等しいとすると、それはまた「たましいにとっての死」ということにもなる。旧訳はDKのテクストで読み、「よろこび、あるいはまた」死としたが、疑義が多いので、これは削除することにした。Walzerの読みがそれである。

七八（96）

究極の見通しは、神のみがもつのであって、人間のやり方にはないのだ。

七九（97）

鬼神の眼からすれば、大人も幼き者と呼ばれて、小児が大人の眼に映ずるのと異なるところはない。

八〇（62）

知らなければならないのだ、戦いはすべてにわたって公然と行なわれているのだということとを。世の常道（正道）は争いであり、万物の生成は争いによるのであって、この常道をはずれることはないのだということを。

五三、二、三〇、一一四など参照。「戦さ神はえこひいきをしない」の意味では、ホメロスの『イリアス』第一八歌三〇九行に同じ言葉がある。またアナクシマンドロスの言葉とも、用語の重なりがあるので、何か引っかかりがあるようにも考えられる。

八一（138）

ピュタゴラス……うそつきの元祖……。

四〇、一二九など参照。

八二（99）

猿はどんなに美しくても、人類に比較すれば醜い。

言葉はヘラクレイトスの言った通りかどうか不明であるが、考えはヘラクレイトスのものとして、プラトンによって引用されている。Plato, *Hippias maior*, 289A.

八三（98）

人間のうちで一番かしこい者でも、神に対すれば、猿の如くに見えるであろう。智においても、美においても、その他の何においても。

これもプラトンの言葉に言い直されているので、どこまでがヘラクレイトス自身の言葉であるか、判然としない。

八四（83 82）

変化によって休息するのだ。

同じ主人にだけ仕え、同じ者のためにのみ労働するというのは、倦みつかれることだ。

八五（105）

欲情*にさからうことはむずかしい。それは欲するところのものを、命（たましい）**がけで購（あがな）おうとするからだ。

＊　これは激情の意味に解してもよいであろう。Aristoteles, *Ethica Nicomachea,* II. 3, 1105a8 参照。なお七七参照。

＊＊　一般的ないのちではなく、特にたましいとして解すべきであるという説も唱えられている。三六、七七のたましいを考えるわけである。

八六

信じないから、それらは目にも止まらず、知られないでしまうのだ。

八七（117）

愚鈍な人間は、どんな話を聞いても、よくびっくりするものだ。

八八（78）

同じものがあるのだ、生きている時も死んでしまった場合も、目ざめている時も眠っている時も、若いときも年老いた時も。なぜなら、このものが転化してかのものとなり、かのものが転化して、そのものとなるからだ。

二六、一五、七六、六二など参照。

八九（95）

目をさましている者には、全体の秩序（世界）が、すべてに共通する公的なものとして、ただ一つあるけれども、（寝ているときは、めいめいがそのようなものに背をむけて）自分だけのもの（にもどる）。

コスモス（世界）の訳語については、三〇を見よ。公的なものと私的なものの対立については、二を見よ。その他、二一、七五参照。後半の文章において、どこまでをヘラクレイトスのものとするか、いろいろ議論がある。Walzer に従って、「自分だけのもの」を一応認めることにした。

九〇（22）

万物は火の代りにあり、火は万物の代りにある。それはまさに貨物が黄金の代りにあり、黄金が貨物の代りにあるのと同じようなものだ。

九一（41 40）

同じ河に二度入ることはできない。……散らしたり、集めたりする。……出来上がり、またくずれ去る。加わり来たって、また離れ去る。

はじめの文句は後人の言い直しで、ヘラクレイトス自身の言葉ではないとも言われる。むしろ後半の断片語だけがヘラクレイトスのものであるという説（Reinhardt, Kirk）がある。

九二（12）

シビュルラ（神巫（いちこ））＊は、狂った口で、笑いもなければ、飾りもなく、また滑（なめ）らかさもない言葉を吐き、（その声をもって、よく千年の外に達しているが）それは神によって語るからだ。

＊　シビュルラ（Sibylla）は、一般にひろく女の神巫について用いられる言葉となるが、ここで、ヘラクレイトスが考えているのは、古来イオニア地方で有名なエリュトライ（Erythrai）のそれであろう。神意

を神がかりにかかった神巫の口から聞くことは、古代ギリシア人の日常事であったと言ってよいであろう。

九三（11）

デルポイに神託所をもつ主なる神は、あらわに語ることも、またかくすこともせずに、ただしるしを見せる。

九四（29）

太陽といえどもきまり（限度）をふみ越えないであろう。なぜなら、ディケー（司直の神）に助力するエリニュエス（報復の鬼神）の見つけ出すところとなるであろうから。

「きまり」については、三〇、三一など参照。司直の神については、二三、二八など参照。

九五（108）

無智は（さらけ出すよりも）かくすほうがよい。（しかし気をゆるしている時や酒の席などでは、それも一仕事だ。)

九六（85）

糞尿は外へすてるものだとすれば、屍体はなおさらである。

ヘラクレイトスがこれをどういう意味で言ったか、確かなことは分らないが、後の人たちは、これをたましいの尊さについて語り、人間の尊さはたましいによるのであって、たましいの抜けた屍は無価値であるという意味に解している。Plotinus, *Enneades*, V. 1. 2 参照。

九七（115）

犬は見知らぬ者に吠えかかる。

九八（38）

たましいは、ハデスの許（あの世）に行くと、嗅ぎ分けるだけになる。

この文章の意味はよく分らないが、いろいろの解釈が試みられている。たましいが水から蒸発するものだとすれば、死後にたましいだけとなった時は、嗅覚だけで識別し、生活することになるとも想像されるであろう。七を見よ。

九九（31）

太陽がなかったら、ほかの星があったところで、夜だったろう。

宇宙の外まわりには、椀状のものが、内側をわれわれの上に向けて存在し、海からの明るい蒸発を受けて、それを集積して、火炎とするが、これがつまり星で、太陽はその中でも一番明るく、一番熱いものだと、ヘラクレイトスは考えていたと言われる。Diogenes Laertius IX. 9-10.

一〇〇（34）

季節はすべてをもたらす。

一〇一（80）

わたしはわたし自身を探求した。

この言葉は古来二通りに解されている。ひとつは「自己自身を知れ」に応ずる意味であり、もう一つは他の者に頼らず、自分自身ですべてを学んだという意味である。

一〇一a（15）

目は耳よりも正確に証言するからだ。

いわゆる百聞は一見に如かずの意味か。しかし九八、七など参照。また五五、一〇七など参照。

一〇二（61）

神にとっては、すべてが美であり、善であり、正である。しかし人間は、そのあるものを不正と考え、他のものを正と信じた。

一〇三（70）

円周の上では、始めと終りが共同だ。

「円周の上では」という言葉が、ヘラクレイトス自身のものであるかどうかについて、多少の問題がある。

一〇四（111 a）

彼らはどういう心なのだ。またどういう気なのだ。まちの歌うたいの言うことを信じ、群衆から教えてもらうことを求めている。大多数は下らない連中であって、すぐれた者は少数だということを知らないのだ。

「大多数は下らない連中であって、すぐれた者は少数だ」というのは、ヘラクレイトス自身の言葉ではなく、いわゆる七賢の一人ビアスの言ったことだとされている。Diogenes Laertius I. 87. しかしヘラクレイトスは、このビアスの言葉に共鳴していて、自分自身の考えを言いあらわすのに、この言葉を用いたということは出来るであろう。四九参照。ビアスについては、三九参照。

一〇五（119注）

ホメロスは天文学者……。

ホメロスの『イリアス』第一八歌二五一行の、ポリュダマスとヘクトルが同じ夜に生まれたという一句につけられた古注によって見ると、天文とホメロスについて云々した言葉が、何かヘラクレイトスにあったらしいことが推察されるのであるが、ヘラクレイトス自身の言葉も、またヘラクレイトス自身の意味も判然としていない。

一〇六（120）

ヘシオドスは、すべての日が本来は一つのものであることを知らない。

ヘシオドスが『仕事と日々』において、よい日とわるい日を区別したことを言うのであろう。

一〇七（4）

人間にとって、目や耳はためにならない証言者となる、もしわけの分らないたましいをもつ者についているとしたら。

ただし、五五参照。

一〇八（18）

どれだけ多くの人たちの話をわたしは聞いたことだろう。しかしそのだれ一人として、智があらゆるものの外に全く別のものとしてあることを認識するところまで来ている者はないのだ。

ここに言われている「智」は、四一に言われているような「智」であるのか、それとも三二に言われている「智なるもの」（ゼウスの名で呼ばれ得るもの）なのかが、解釈の一つの問題点である。もう一つの問題は、「あらゆるもの」を「万人」の意味にとるか、それとも「万物」の意味にとるかということである。しかし「智」がいかに困難であるとしても、すべての人間から離れていると言えるかどうか。またゼウスの名をもって呼ばれ得るものが、アナクサゴラスのヌゥスのごとく、万物からまったく別であるとするような考えが、ヘラクレイトスのうちに認められるかどうか。解釈は必ずしも簡単ではない。

残る可能性としては、「智」を「万物」から離すのと、「智なるもの」（ゼウス）を「万人」から引き離すことの二つが考えられるが、前者に対しては五〇が反証となるであろう。万物とロゴスと智の間には一致が成り立つのであって、分裂は考えられないからである。そうすると、残る解釈は、「智なるもの」（ゼウス）

は人間のすべてから別であるということになるであろうか。すでにクセノパネス（四〇）は、一なる神が形姿においても、心のはたらきにおいても、死すべき人間との比類を絶するものであると言っているのである。ヘラクレイトスの神とは、六七、一〇二に言われているようなものである。

一〇九（108）

無智はさらけ出すよりも、かくすほうがよいのだ。

九五と同じとするのがKranzの考えであるが、Dielsはこれを別に取り扱っている。九五では、「無智は（さらけ出すよりも）かくすほうがよい。（しかし気をゆるしている時や酒の席などでは、それも一仕事だ。）」という文句になっている。

一一〇（104 a）

人間にとっては、何でも望み通りになるということは、あまりよいことではない。

一一一（104b）

病気は健康を、飢餓は飽食を、労働は休息を、それぞれ心地よいもの、有難いものにする。*

＊　原文を修正して、「病気は健康を、災悪は幸福を、飢餓は飽食を、労働は休息を、それぞれ心地よいものにする」というふうに読むことも試みられている。

一一二（107）

思慮の健全ということが何よりの強味になる。智慧があるというのは、言行にあやまりがないことで、それはものの本来に即しての理解にもとづく。

思想は一、四一などに共通するものがあって、ヘラクレイトス的であるが、これがヘラクレイトス自身の言葉であるか否かは、Schleiermacher 以来いろいろ疑問が出ている。「思慮の健全」（sōphronein）を「思慮すること」（phronein）に変える試みもある。

一一三（91 a）

思慮することは公共にあずかることだ。

一一四（91 b）

心づかいの行きわたっている言葉には、すべてに行きわたっている公的なものが、そのよりどころとなっていなければならない。それは市民国家が法をよりどころにしているようなものであるが、その程度はもっとずっと強い。なぜなら、人間の用いている法なるものは、すべてが神の一なる法によって養われているものだからである。すなわち神のそれは、どこまでも意のままに支配し、すべてのものを充たして、なお余りあるものなのだ。

公共的なものについては、二、八〇など参照。法については、四四。「心づかいの行きわたっている」(xyn noi) は「すべてに行きわたっている公的な」(xynoi) と一種の語呂合せになっている。

一一五（0）

たましいを計ろうとすると、それはどこまでも自分で増大して行く。

ヘーゲルの引用をもって有名な、この言葉の意味はよく分らない。Bywater はこれをヘラクレイトスの言葉の中に入れていない。これの出典たるストバイオス（Stobaeus, *Florilegium* (ed. Gaisford), Γ 85）では、ソクラテスの言葉となっているが、ドイツの学者（Hense, Schenkel）によって、これがヘラクレイトスの言葉（*ibid.*, 81-84）に属すべきことが主張されたのである。もしこれがヘラクレイトスの言葉なら、四五の意味に読まるべきものであろうと愚考する。

一一六

人間には誰にも、自己を忘れず、正気を保つことが許されている。

「正気を保つ」（sōphronein）は、一一二で「思慮の健全」と訳したのと、原語は同じであるが、ヘラクレイトスの用語としては新し過ぎはしないかというので、やはり Schleiermacher 以来疑問にされている。

一一七（73）

大人でも酒に酔えば、どっちへ行くのか分らずに、よろけながら、年のいかない子供に手を引かれて行く。たましいをしめらせたからだ。

七七参照。

一一八（74 76）

乾いた光輝、この上なく智にして、また最もすぐれたたましい。
乾燥したたましいは、この上なく智で、また最もすぐれている。

恐らくこの二つの句は、もとは同じで、「光輝」（アウゲー）は「乾燥した」（アウエー）の写しあやまりで、「乾いた」（クセーレー）は、「アウエー」の語義を説明した注が、本文にまぎれこんだものと想像される。

一一九（121）

人がらは人間の生涯を支配するダイモンだ。

一二〇（30）

東と西は熊星のところで限られている。そしてこの熊星と相対するところに、青空のかがやきをもつゼウスの境目がある。

東西が熊座の星、あるいは北極星によって分けられることは、一応考えられ得るが、これに相対する「青空のかがやきをもつゼウスの境目」が何を意味するかについては、いろいろの意見が出ている。否、「ゼウスの境目」ではなくて、「ゼウスの山」だという意見（Diels）もある。ゼウスの山とは、マケドニアのオリュンポス山で、熊星を天の北の中心と見、オリュンポスを、デルポイのいわゆる臍石に対する、北部ギリシアの中心と見て、熊星とオリュンポス山を結ぶ線で、東西を分つという考えである。しかしこれはあまり一般の支持を得られなかったようである。これに対しては、「青空のかがやきをもつゼウス」に青空そのものを見て、その「ゼウスの境目」を南天の終る水平線、あるいは南極に考えようとする試みもある。あるいは日々の太陽の運動軌道の頂点を想像する試みもある。また全文は、北の熊星に対する南の「境目」を別に述べたものとも解されるし、また熊星とこの「境目」が、それを結ぶ線の上で東西を分つという意味に重点をおいても考えられる。

一二一（114）

エペソスの人間なんて、もう成年に達している者は、みんな首を縊（くく）って死んだ方がいい。

そして後の国家は未成年者の手にのこしたらいいだろう。ヘルモドロスのような、自分たちのうちで一番有用な人物を、われわれのうちには一番有用な人などは一人もいらない、そんな者がいるなら、よそへ行って、よその人間と暮したらよいと言って、追い出すようなことをしたのだから。

ヘルモドロスは、ヘラクレイトスと同じく、エペソスの産であって、国外追放になった後、ローマに赴き、そのいわゆる十二表法の制定に助力したということが、古人（Strabo XIV. 25; Plinius, *Historia naturalis*, XXXIV. 21）によって言われているが、真偽は疑わしい。

一二二（**9**）

肉薄（アンキバシエー）。

ヘラクレイトス独特の用語と見るべきものであろう。言論の上の攻撃的近接、異議申立を言うのではないかと察せられる。

一二三（10）

生地はとかく蔽われがちだ。

「自然はかくれることを好む」と訳す方が、意味も面白くなる。古来の引用も大体はそういう意味あいに用いている。しかしそのもとにあるのは、もっと素朴な言い方なのではないか。

一二四（46注）

まるでがらくたのように、いい加減につみ重ねられたものから、この極美の世界秩序。

世界秩序（コスモス）については、三〇、八九など参照。その他八、五四など。あるいは一〇二。

一二五（84）

混合酒も、かきまわさないと、もとに戻って別々になる。

混合酒と訳したが、どういうものを指しているのか、くわしいことは分らない。大麦やチーズなどを、碾（ひき）

割にしたり、粉砕したりして、更にまた蜜や何かをまぜたりすることもあるような、一種の飲物を指すものと考えられる。

一二五 a（0）

富から諸君が見すてられることのないように祈るよ、エペソスの諸君、つまり自分たちがやくざな人間だということを、それで思い知ることにもなるだろうからね。

一二一参照。

一二六（39）

冷いものが熱くされ、熱いものが冷くされる。湿ったものが乾かされ、乾いたものが潤おされる。

0（14）

問題になっていることがらに、信用の出来ない人間の保証をもち出す……。

分らないことがらに、詩人や神話家を証人として用いることの愚を論じて、ヘラクレイトスが引き合いに出されているのであるが、どれまでがヘラクレイトス自身の言葉であるか分らない。「信用の出来ない人間の保証」くらいのところかも知れない。あるいは四二、五六、五七、一〇六などの意味するところを言うだけで、独立の言葉は考えられていなかったのかも知れない。DK がこれを A23 に掲げて、B Fragmente の中に入れていないのは、どのような理由によるのか、よくは分らない。

0（43）

神々の間からも、人間のうちからも、争いの絶えることを（ホメロスは）……。しかし相反する高音と低音がなければ、音律は生まれず、雌雄がなければ、動物は生じないだろう。

ヘラクレイトス自身の言葉は分らないが、このような意味のことが、ホメロスの批評として言われたということは、古人の証言（Bywater 注）によって、大体信じ得るのではないかと思う。ホメロスの言葉は、『イリアス』第一八歌一〇七行に出ている。

0（88）

一月も一世代だ。

古人の引用では、一月を三十日として、$30=1+2^2+3^2+4^2=1+4+9+16$というような理由づけをしているが、ヘラクレイトス自身の理由は与えられていない。

0（89 87）

ひとは三十年にして、孫をもつことが出来る。

十四歳で結婚して、子供を生むと、十五年後には、孫が生まれ得る計算になる。従って、三十年を一世代と見たということが、古人によって言われている。しかしヘラクレイトス自身の言葉は分らない。

〰〰〰

一二六a（**0**）

季節のことわりに従って、七という数が月と熊星という、死ぬことのない記憶のしるしとなる二つのものに、月には集約的に、熊星では分散的に出ている。

熊星の方は七星で分るが、月の七つはどう考えるか。盈虧を七つに分けて考えたり、新月満月に至る日数を7×2+1の如く考えたりする試みが、いろいろ行なわれている。しかしこのような考え方が、果してヘラクレイトスのものかどうか疑わしい。原文の用語法にも、重大な難点が指摘されているけれども、考え方そのものがヘラクレイトスのものなら、一応は救われるわけである。しかしその点にも問題があると考える。

一二六b（0）

不足を訴える方面が異なるに従って、常にめいめいが違った仕方で大きくなる。

一二七（0）

彼らが神ならば、彼らに対する諸君の哀悼は何のためなのだ。むしろ諸君が彼らのために哀悼するなら、もはや彼らを神と考えないがよい。

一二八（0）

鬼神の像に彼らは祈っている。彼らの言うことなどは聞いてはいないのに、聞いてもらえるかのように祈っている。果すべきことを果さずに、そんなことは求められていないかのようにかまえている。

五の言い直しではないかと考えられる。

一二九（17）

ムネサルコスの子ピュタゴラスは、学問にかけては世の何人にもひけをとらない、一番の勉強家だった。そしてその方面の書物を拾い集めて、自己自身の智慧をつくった。それは博学の詐術だ。

Dielsは、この文章をピュタゴラスが書物を作ったという意味に解し、ピュタゴラスが書物を書いたという事実はないから、ピュタゴラスの偽書を前提とする、これはにせのヘラクレイトス文書だと考えた。しかしこの文章から、ピュタゴラスが書物を書いたという意味が、果して必然的に出て来なければならないかどうか、少なからず疑問のように思われる。文体については、それほど多くの難点はないことを、Dielsも認めている。ピュタゴラスについては、四〇、八一など参照。

一三〇（0）

ひとを笑わせるのもよいが、自分自身が笑われるようになるのはいけない。

一三一（134）

ひとりよがりは上達のさまたげ。

一三二（0）

栄誉は神々も人間も奴隷にする。

一三三（0）

あしき人間が真実のある人の訴訟相手だ。

一三四（135）

教養は教養ある者にとっての第二の太陽だ。

一三五（137）

よく思われるには、よくなるのが一番の近道だ。

一三六（0）

戦死者のたましいの方が、病死者のたましいよりも清い。

二四参照。

一三七（63）

それぞれの分は、あらゆる場合にわたって、既に定められてあるのだ。

一三八（0）

どんな生き方をしたらいいのだ。市場に行けば、もめ事や面倒な取引。家にいれば、心配事。田舎のくらしは、うんざりするほどの骨折仕事。海に出るのはこわい。また外国ずまいは、何か持っていれば心配だし、何もなければ苦しい。結婚をするかね。思案の絶間があるまい。結婚はしないというのか。もっと淋しい生活をしなければなるまい。子供は苦労の種、子供のない生活は不具の生活。若ければ思慮を欠き、白髪をいただくようになれば、気力がなくなる。つまり二者択一ははじめから避けられなかったのだ。てんで生まれて来なければよかったか、あるいは生まれたら、すぐ死ねばよかったのだ。

エピグラム詩人ポセイディッポスの言葉であって、ヘラクレイトスの言葉ではない。*Anthologia Palatina*, IX. 356 を見よ。

一三九（0）

「星の始源について」……はじめに星は……あるという人がいるので……。これを作った人の意志だ。

〇（131）

万有はたましいと鬼神にみちている。

〇（133）

故なくして栄誉の地位にある者は、いずれも面を蔽うべきだ。

〇（136）

時機を得ためぐみは、飢餓にちょうど合う栄養分のように、たましいの不足を癒す。

〇（138）

うそつき（コピス）。

八一と同じものであろう。

訳者付記

ヘラクレイトスの言葉として、古人の引用のうちから集められたものは、いろいろあるけれども、学問的に信用できるものとしては、I. Bywater, *Heracliti Ephesii Reliquiae*, Oxford, Clarendon Press, 1877; H. Diels, *Herakleitos von Ephesos*, Berlin, Weidmann, 1901; Diels u. Kranz, *Die Fragmente der Vorsokratiker*, 5 Aufl., 3 Bde., Berlin, Weidmann, 1934-37〔内山勝利編『ソクラテス以前哲学者断片集』全五巻＋別冊、岩波書店、一九九六―九八年〕; R. Walzer, *Eraclito*, Firenze, G. C. Sansoni, 1939 などであろう。

わたしは一九四八年にDiels u. Kranz の番号順で、Bywater の番号も括弧つきで加えて、これを邦訳して、わが国に紹介した。解釈上特に参考にしたのは、前記のバイウォーター、ディールス、クランツのほかに、ジョン・バーネット（J. Burnet, *Early Greek Philosophy*, 3rd ed., London, Adam & Charles Black, 1920〔西川亮訳『初期ギリシア哲学』以文社、二〇一四年〕）であった。しかし当時から二十年近い年月がたっているので、補正しなければならない点もいろいろ出て来た。

再録にあたっては、全面的に改訂を試みたが、テクストも前記のWalzer を主に用い、たいへん便利であった。研究書もいろいろ出ているがH. Cherniss, *Aristotle's Criticism of Presocratic Philosophy*, Baltimore, Johns Hopkins Press, 1935; H. Fränkel, *Wege und Formen frühgriechischen Denkens*, München, C. H. Beck, 1955; O. Gigon, *Untersuchungen zu Heraklit*, Leipzig, Dieterich, 1935; K. Reinhardt, Heraclitea (*Hermes*, 77, 1942, SS. 225-248); F. Schleiermacher, *Herakleitos der Dunkle von Ephesos* (*Sämmtliche Werke*, Abt. 3, Bd. 1, Berlin, G. Reimer, 1838); B. Snell (hrsg.), Heraklit, *Fragmente*, München, E. Heimeran, 1926. 特にまたG. S. Kirk, *Heraclitus, The Cosmic Fragments*, Cambridge, Cambridge University Press, 1954 からは刺戟を受けることが最も多かった。しかしこの全集（『世界文学大系』筑摩書房）の性質上、専門的な議論や注は避けなければならなかったので、自分自身の解

釈上の結論あるいは選択だけを、一応訳文の上でまとめておくだけに止めなければならなかった。なお一二六a以下は Diels u. Kranz において偽の疑い多いものとされているので、〜〜線で区切ってある。また番号のしるしで、零（0）とあるのは、Diels u. Kranz もしくは Bywater において、番号を与えて取り上げられていないことを示すものである。これらはいずれも旧訳のしるしと全く同じである。旧訳はアテネ文庫（弘文社、一九四八年）もしくは『世界人生論全集』第一巻（筑摩書房、一九六三年）、『田中美知太郎全集』第一二巻（筑摩書房、一九七〇年）に収められている。比較参考されたい。

あとがき

本書におさめられた諸篇の発表年月と発表場所は次の如くである。

ヘラクレイトスの言葉　『世界文学大系63　ギリシア思想家集』（筑摩書房）所収　一九六五年（昭和四十年）九月

古代アトム論の成立　二十世紀研究所編『哲学教室』（啓示社）所収　一九四八年（昭和二十三年）九月

西洋古代哲学史（旧題名「ギリシア思想」）村川堅太郎編『ギリシア研究入門』（北隆館）所収　一九四九年（昭和二十四年）六月

古代哲学　二（旧題名「古代哲学　一、プラトン迄」）下村寅太郎・淡野安太郎編『哲学研究入門』（小石川書房）所収　一九四九年（昭和二十四年）九月

古代哲学　一　『講座哲学大系』第二巻（人文書院）所収　一九六三年（昭和三十八年）七月

見られるように、「古代哲学　二」を除き、他はいずれも終戦後間もなく、今から四十年近

くも以前のものであるが、今日でもなお需要があるようなので、今また新しくこれを世に出そうとする筑摩書房の試みに応ずることにした。

いま読み直してみると筋だけはしっかり通っているようなので、余計なものをつけ加えるよりも、このままの方が一般の人にはかえってわかりやすいのではないかと思った。当時のわたしは、ギリシア哲学に今日の科学文明の出発点を見るような傾向がいくらか強かったようで、歴史の動きも理論的な思考の前進あるいは発展というものに重点をおいて、その筋をはっきりさせるようなものになっているのではないかと思う。このような傾向は、ヘーゲルに始まる哲学史叙述の大勢であって、当時わたしたちの読んだバーネットやロバンのギリシア哲学の取り扱いにも、時代と国柄の相違が目立つにしても、大枠の傾向は同じところが多いと言うことができるだろう。しかしこの傾向については、バーネットの実証主義的な基本の考え方に対するイエーガーの「ニヒテルン」(白けた、気のぬけた) という言葉を使ってのきびしい批判において知ることができるような不足が多いのである。

わたしも初めてイエーガーを読んだときは、むしろバーネットに味方したく思ったが、今は必ずしもイエーガーと同じではないにしても、もっと広く豊富なものを歴史のなかに取りいれたいと思っている。しかしそういうものを今ここに追加することはできない。全体のバランスを崩すことになるからである。

ただ近著『プラトン』(全四巻、岩波書店、一九七九―八四年) で新しく到達することのできた見地から、最小限度の書き直しをしたところがある。その他はすべてもとのままであ

る。それによって、あるいは当時の学問的風潮を思い出すための忠実な記録を残すことにな
ったかも知れない。

一九八五年（昭和六十年）七月

解説　観る精神とそこに留まらぬもの――田中美知太郎について

國分功一郎

田中美知太郎は戦後日本におけるギリシア哲学研究およびその教育をリードした研究者である。また保守系の論客としても活躍し、長く雑誌『文藝春秋』の巻頭随筆を担当していた。とはいえ、今では日本のギリシア哲学の専門家以外にはその名はあまり知られていないかもしれない。そのような状況で田中について考えたり、またその著作を読んだりするにあたっては、彼がいったいいつの人物であるのかを確認しておかねばならない。

田中は明治三五年、すなわち一九〇二年の生まれである。もしかしたら、一九〇二年、すなわち明治三五年の生まれと書くべきであろうか。田中は明治生まれの人間であり、したがって、自らの思想をある程度形成し終えた後に第二次世界大戦を経験した世代に属している。他方、田中は二〇世紀の初頭に生まれて若い時分から哲学に関心を寄せた世代とも言うことができるのであって、たとえばその生涯は、哲学者で言えば、一九〇六年生まれのハンナ・アレントに重なるところがある。

自叙伝『時代と私』（一九七一年、文藝春秋。以下、引用は一九八四年刊の新装版による）で田中は、自分は大正一五年（昭和元年）に京都大学を卒業し、昭和四〇年に同じく京都大学を定年退職したが、その間の四〇年は昭和二〇年のところでちょうど戦後とそれ以前に二分されるから、「個人の生涯と時代の歴史が一致した唯一つの時点という感じがしないでもない」と書いている（九頁）。これは田中の生涯がいつであったのかをイメージするのを助けてくれる記述である。だがそれだけではない。この記述にはもう少し深読みをする余地があるのであって、田中は自らの生涯と時代の歴史が一致したのは、大学卒業後の四〇年がちょうど敗戦を境に二つに割りきれるこの「勘定」ぐらいのもので、自らの生涯と時代の歴史はそれ以外の点では特に一致などしていないと考えていたのである。

田中はこの自叙伝（まさしくいま復刊すべき名著である）において、自分は時代を半面では肯定しながらも他面では否定したい気持ちが強いし、過去の思い出にふける余裕ももちたいと思うけれども過去の回想にも乗り気にならないし、結局関心の多くは現在にあるというようなことを述べている（同書、二〇頁）。田中の属する世代が、「時代」なるものにその人生を掻き乱されたことはほとんど論を俟たない（先に名前をあげたアレントもそうであって、ドイツ生まれの彼女は亡命を余儀なくされている）。たとえば、田中は大学卒業後の四〇年間をちょうど二分する昭和二〇年の五月に、空襲で落とされた焼夷弾の油脂（やや詳しく説明すると、焼夷弾は、充塡されたゲル状の油脂を燃焼させるとともにそれを周囲にまき散らすことで周囲を炎上させるのである）を全身に浴びて大火傷を負い、火傷のもたらした中毒が神経や内臓にまで及んだため、医者に一時は臨終を宣告されている。まさしく瀕死の重傷から奇跡的に命を取り留めたわけだが、その後遺症で顔には大きなケロイドがあった。

世に知られている田中の顔はそのような傷跡のある顔である。

このような経験の持ち主ならば、自らの生涯を時代とともにあったものとして回想しても少しもおかしくない。しかし田中はそうではなかった。田中にとって時代とは決して人を根底的に規定するものではなかった。そのことを田中は、時代は「出口のない箱」のような形で我々を閉じ込めているのではないという言葉で説明している（同書、一九頁）。しかも田中はそれを力説するわけでもない。それぐらいのことを分かっておけばいいだろうといった口調である。そこには田中が、近代日本の壊滅するにいたる過程とともに生きてきたことを忘れさせてしまうほどの気楽さがある。

たとえば、いわゆる世代の断絶についてもこんなことをこんな口調で述べている。

よく世代の断絶といふやうなことが言はれるのであるが、いかなる世代の人も現在を共有してゐるのであり、テレビとか車とか、エレベーターとか自動扉とかいふものを、日常普通のこととして経験してゐるのである。生まれるとすぐテレビのある部屋で養育される子供は、やうやく老年になつてはじめてテレビを見るやうになつた老人とは、まるであらゆる条件がちがふやうにも考へられるが、しかしその老人も、幼児と同じ現在に生きてゐるのであつて、この現実にくらべれば、今から十年前とか、終戦後間もなくとかの生活といふやうなものは、まるで夢のやうに、あるひはうそとしか思へないやうな形で、わづかに思ひ出されるだけなのである。そして現在の生活を本当に生きてゐるのも、あるひはむしろわれわれ大人の方かもしれないのである。（同書、一二頁）

「のである」を何度も繰り返す田中の文体は、硬いとの印象を与えてもよさそうであるのに、いつもどこかヒューモラスである。それは田中の文体を支える思想が、「出口のない箱」を前提としていないからである。田中の思想は常に「これしかないのだ」というデマゴギーから遠いところにある。遠いところからそれを眺めているのだ。小林敏明は西田幾多郎の文章が「……でなければならぬ」という文末処理にあふれていることを指摘しているが（『西田幾多郎――他性の文体』太田出版（批評空間叢書）、一九九七年）、西田哲学隆盛期の京都大学にあってギリシア哲学を専攻した田中は、田中哲学のようなものを体系化することこそなかったけれども、事象に対する独特の距離を感じさせる、どこか気楽でヒューモラスな「のである」の思想を形成していたのである。

田中に感じられる、事象に対する独特の距離は、哲学史の中の有名なエピソードを思い起こさせる。ピタゴラスを巡るあるエピソードである。田中自身による解説を参照しながら説明すると（『哲学初歩』岩波書店（岩波全書）、一九五〇年、のち、岩波書店（岩波現代文庫）、二〇〇七年、五七―五八頁）、ピタゴラスは「哲学者（ピロソポイ）」という言葉をはじめて使った人物と言われているのだが、哲学者が他の人々とどう違うのかを尋ねられてこう答えたという。この世の生活は一つの祭礼のようなものであって、そこに集まる人は三つに類別される。一つは祭礼の催し物である競技会に出て、そこで賞を得ようとする人たち。もう一つはこの祭礼の市で商売をして、金銭を儲けようとする人たち。それに対して、第三に、ただ何がどんな風に行われるかを見物するためにやってくる人たちがいる。この人たちは「ものの自然なあり方を観ることに熱心な者」であって、この者たちこそ、「知恵を熱心に求める者」、すなわちピロソポイに他ならない。

田中の思想には、この「観ることに熱心な者」を強く感じさせるところがある。その生き方もまた観ることに満ちている。幼い頃より政治に強い関心を抱いていた田中は、開成中学時代から東大新人会に出入りしていた。しかし、戦前の学生運動の中心であったこの会にあっても、もちろん何もしていない。ただ、田中はよく観ていた。『時代と私』では当時、中学生だった田中が新人会で会った「先輩たち」の人物像が生き生きと描かれている。また、北風会というアナーキストグループにも出入りし、そこでは当時、警視庁が血眼になって探していた大杉栄にも会っている。だが、そこでもただ観ていたのである。北風会の人たちに支えられた大杉栄その人は「むしろはでな自己演出家」だったという感想も、何かをすることよりもじっと周囲を観ることに熱心な田中だからこそ出た言葉であろう。

もちろん、ただの一中学生だった彼に何かができたはずがない。ただ、じっと観る精神はその後も少しも変わっていないように思われるのである。三〇歳を過ぎて、法政大学で教鞭を執っていた頃に遭遇した二・二六事件について、田中は同書でかなり長く語っているのだが、その証言は、彼が少しも行為へと駆り立てられることなく、ただただ事態の推移を見ていたことを教えている。「この四日間といふものは、わたしも何の仕事も出来ず、生涯のうちで一番永い時間だつたと思つてゐる」、「たつた四日間の出来事に対して、あまり多くのことを言ひすぎたかも知れない。しかしそれは全日本を震撼させた四日間なのであり、わたしにとつても最も永い時間として記憶されてゐる四日間なのである」(『時代と私』二八三、二九三頁)。

考えてみれば、田中のヒューモラスな文体はこの観ることに熱心な精神に支えられたものであろう。人が行為せざるを得なくなるのは、「もうそうするしかない」と感じられるからである。行為にしか出口がないから――というより、行為にしか出口がないと感じられるからこそ、人は行為へと駆り立てられる。そこにはヒューモアはない。「出口のない箱」を前提してしまうところにヒューモアはあり得ない。

もしもこのような観る精神こそが哲学者の哲学者たる所以なのだとしたら、まさしく田中は哲学者であったと言うことができる。田中は観ることに熱心であるという意味で知恵を熱心に求める者であった。

しかし田中の思想はそのような哲学者像を基礎としつつも、どこかそこにも収まり切らないものを持っていたように思われる。そのように言うのは、田中が保守系の知識人として活躍していたからではない。田中が古代ギリシアの哲学者の誰よりもプラトンに惹かれていたこと、そして田中のプラトンの読み方が、そのように考えさせずにはおかないのである。

哲学史的に言えば、観ることに熱心な者というピタゴラスの提示した哲学者像は、その後、アリストテレスによって、哲学者の求める「観想的生」のイメージとして洗練されることになる。ところで、本書『古代哲学史』を読みながら読者が気付くのは、田中がこのアリストテレスに対してどこか冷たい態度を取っていることではないだろうか。田中はこんな風に述べている――アリストテレスにおいてギリシア思想の主要な傾向が「一応は綜合されている」けれども、アリストテレスをギリシア思想の代表と考えてはならないのであって、「わたしたちはこの分析家〔アリストテレスのこと〕から、大胆な思想的冒険を期待することはできないが、しかしそのような冒険が、アナクシマンドロスからプラトンに至るまでの、ギリシア思想家の特色だったのである」（本書、七五頁）。

まさしく観る精神の持ち主であった田中（たとえばそれを理解するために、田中と同い年の小林秀雄が、戦前・戦中にどのように振る舞い、どのように語っていたかを考えてみるとよいかもしれない）は、しかし、観る精神を完成させたとも言える「分析家」アリストテレスには極めて冷淡であった。プラトン哲学の理解にとっても、アリストテレスは厄介な面をもっているというのが田中の考えであった。たとえば、プラトンのいわゆるイデア論はプラトン自身によって自分の哲学だと明言されているわけではないのであって、それをやかましく言うのはむしろアリストテレスだと田中は強い口調で述べている（『プラトンII――哲学(1)』岩波書店、一九八一年、のち、『田中美知太郎全集』第二四巻、筑摩書房、一九八九年、八頁）。

では田中が生涯の研究対象としたプラトンは、田中にとってどのような哲学者であったのか。田中の最晩年の大著『プラトン』（全四巻、岩波書店、一九七九―八四年）は、プラトンの著作を最後の著作から読みはじめるという興味深い構成になっている。最後の著作とは『法律』である。プラトンの政治哲学は、中期の著作『国家』で述べられた「哲人王」の理想が最もよく知られているが、その理想は晩年まで何の変更も加えられることなく維持されたわけではない。プラトン本人の考えがどうであったかについては厖大な研究があるわけだが、少なくともその著作の字面を読んだだけでも言えるのは、『政治家』では政治家はいかなる者であるべきかが説かれ、そして『法律』では法律そのものによる統治の可能性が追求されているということである。こうした変遷の終着点にある政治哲学の著作を出発点にして、田中はプラトン哲学全体を描こうとした。そこには、あくまでも政治との関係においてプラトン哲学を読むべきだという田中の姿勢が強く現れているように思われる。

プラトンの生涯の描き方にも独特の力点が読み取られる。プラトンの生涯で最もよく知られているのは、その師であるソクラテスの刑死であろう。この一度きりの出来事からプラトンの生涯全体を見ようとする誘惑から逃れることは難しい。たとえばアレントはこの出来事がプラトンの思想を根本的に変更させたと考えていた。だが、『プラトンⅠ』でのソクラテスの刑死についての叙述は意外なほどにあっさりとしている。またその死がプラトンをして哲学に向かわしめたとも田中は考えていない。「ソクラテスは死んで、それがプラトンのたましいのなかに播かれたということになるかも知れない。しかしかれが哲学を一生の仕事とするまでには、まだ迷いの多くを経なければならなかった」（『プラトンⅠ——生涯と著作』岩波書店、一九七九年、のち、『田中美知太郎全集』第二三巻、筑摩書房、一九八八年、七三頁）。

当然ながら田中がソクラテスを軽視していたわけではない。田中にはこの問答法の創始者についての単著もあるほどだ（『ソクラテス』岩波書店（岩波新書）、一九五七年）。また、ソクラテスのプラトンへの影響を低く見積もっていたわけでもない。田中はソクラテスの問答をじっと観ていたその経験こそがプラトンを作り上げたと考えているのである。ソクラテスとの出会いそのものがプラトン哲学を不断に動かし続けた動因であると田中は言う（『プラトンⅡ』二五頁）。それは言い換えれば、ソクラテスの刑死という一度きりの出来事に立ち会っただけで彼の哲学が決定されてしまったわけではないということである。ここには、一度きりの出来事で人ががらりと変わってしまうものだろうかという問いかけがある。ソクラテスの刑死がプラトンに、問答法による説得という試みが政治においては無力であることを確信させたとするアレントのような見方（ハンナ・アレント『政治の約束』ジェローム・コーン編、高橋勇夫訳、筑摩書房（ちくま学芸文庫）、二〇一八年、五五頁）とは全く異なるプラトン観がここには見出される。

プラトンと政治の関係を考える時、田中が重視していたのはおそらくプラトンのシケリア行きである。『プラトンⅠ』でのその記述は極めて充実している。京都大学に博士論文として提出され、また田中の代表作ともなった——全集では第一巻に収録されている——『ロゴスとイデア』（岩波書店、一九四七年、のち、文藝春秋（文春学藝ライブラリー）、二〇一四年）の第一論文「現実」も、まさにこのエピソードから説き起こされているのである。とはいえ、このエピソードは一般にはあまりよく知られていないかもしれないので、田中自身による叙述（『プラトンI』一二〇―一四八頁）を参考にその概略を見ておこう。どうしても長くなってしまうことはお許しいただきたい。

紀元前三六七年、シケリア（古典ギリシア語でのシチリアの名）の都市国家シュラクサイの独裁者ディオニシオスが死ぬ。その地位は息子のディオニシオス二世が継ぐことになるのだが、その際、この若き支配者の後見人になったのが、その叔父であり、またこのエピソードの主要な登場人物となるディオンである。ディオンはその二〇年前、四〇歳のプラトンとシュラクサイで出会っていた。ディオンはこの期をシュラクサイの政治一新の好機と考え、プラトンに力を貸して欲しいと手紙を送った。

六〇歳だったプラトンはその頃、自らの設立した学園アカデメイアで平和な日々を送っていた。あのソクラテスの刑死ももはや三〇年以上も前の出来事である。プラトンは現在の区分で前期・中期と呼ばれる時期に属する対話篇を既に完成させ、特に大著『国家』を何年も前に書き終えていた。この平和で充実した生活を捨てて異国に向かうことにプラトンは躊躇もあった。年も若くはない。しかしプラトンは結局、再度のシケリア行きを決意する。

ディオンはプラトンがディオニシオス二世をサポートすることで、『国家』で描かれた哲人王が実現することを期待したのだと言われる。ただプラトン自身は楽観的ではなかった。

学園で数多くの若者に接してきた彼は、若者が熱しやすく、そして冷めやすいことをよく知っていたからである。だが、シュラクサイではそれどころではない政争の渦が彼を待ち受けていた。ディオニシオス二世はディオンが僭主の地位を狙っていると疑いをかけ、あろうことか後見人であるこの叔父を小舟に乗せて追放してしまうのである。プラトンが到着して四ヵ月目のことである。

ディオンの追放後、ディオニシオス二世はプラトンを厚遇したというが、それは事実上の軟禁であり、ディオンの影に警戒したディオニシオス二世がプラトンの哲学を受け入れることはなかった。空しく留めおかれたプラトンは翌年になってやっとアテナイに帰国できることとなる。

ところがプラトンはその五年後にまた再びシュラクサイに赴く。今度はディオニシオス二世が熱心に懇願したのである。これはディオニシオス二世にディオンに対する競争心があったからだとも言う。というのも、追放されたディオンはその後、プラトンの学園アカデメイアに学び、またプラトンの後ろ盾があったため各地で人気者になっていたからである。スパルタでは市民権も与えられている。

実はそのディオンがシュラクサイに残した財産がディオニシオス二世によって接収されてしまう危険があった。プラトンはそのこともあって再度の、ということは三度目のシュラクサイ行きを決意するのであるが、その滞在は散々なものであった。ディオニシオスにはプラトンの哲学を学ぶ気などさらさらなかった。ディオンの財産も勝手に処分してしまった。プラトンは城外へと追放されるのだが、城外ではプラトンの政治改革で職を追われるかもしれないと心配していた傭兵や親衛隊の一部に命を狙われ、命からがらの思いでこの地を逃れることになる。おそらくは紀元前三六〇年、プラトンが六七歳の時である。

プラトン自身に関する限り、シケリア事件と呼ぶべきものはこれで終わりである。しかし、事件はまだ続く。この顚末を知ったディオンがディオニシオス二世に復讐すると言いだし、彼のアカデメイアの学友たちの中にもこれに賛同する者が現れたのである。なんとディオンは総勢八〇〇人からなる外人部隊のようなものを結成してシュラクサイに進軍する。しかも途中でその志に感銘を受けてこれに加わる者もあり、最終的には五〇〇〇人の規模になったという。その到着時、ディオニシオス二世がイタリアに出征して不在であったため、シュラクサイは彼らの手で解放されることになる。おそらく紀元前三五七年のことである。

ディオニシオス二世は帰国後、和解の道を探るようなそぶりを見せながらも突如、非ギリシア人部隊を動員。しかしディオンはこれをも撃退する。ディオンというのは実に優れた作戦家であったようである。ただし、その後ディオンは、ディオニシオス二世派と、長い独裁制の後で突然に解放された抑制の利かない市民たちという対立する二派への対応を迫られ、結局、その市民たちに追い出されるようにしてシュラクサイを去り、兵士たちと隣国のレオンティノイに移ることになる。

ところがそのシュラクサイが、ディオニシオス二世の味方を名乗る全く別の勢力から攻撃を受け、全市全滅の窮地に追い込まれてしまう。シュラクサイの市民たちはレオンティノイにいるディオンの軍に救援を求めた。兵たちはかつての仕打ちを思い、その訴えには応えようとしなかった。だがディオンは、シュラクサイが滅びようとしているのに自分のことだけを考えているわけにはいかないと演説し、心を打たれた兵たちもこれに同意するのである。ディオンは見事に市の解放に成功する。かつて自分たちを追放した市民のリーダーの処分を兵たちに任せるべきだとの意見も根強かったが、ディオンは自分がアカデメイアで学んできたのはそういうことではないと言って、彼を許したという。だが、そのリーダーであるヘラクレイデスはその後もクーデタを目論むなど陰謀を企て、結局ディオンの兵たちによって殺されてしまう。

そしてディオン自身もまた、紀元前三五四年、つまりアカデメイアの学友たちとともにシュラクサイ解放のためにこの地に降りたってから三年目の年に、最も信頼していた仲間に裏切られ、刺客によって命を奪われることになる。裏切り者カリッポスの陰謀に家族は気付いていたらしい。だが、ディオンは、友人を警戒しなければならないくらいなら殺されてもいいと言って全く用心しなかったという。

田中は自身でも、シケリア事件についてあまりに多くを語りすぎたかもしれないと記している（同書、一五〇頁）。確かに田中はプラトンの生涯の中でも特にこのエピソードにこだわっていたと思われる。ただし、ことはソクラテスの刑死がプラトンに対して持った意味の場合と同様である。その哲学がディオンの事件にショックを受けて変更されることなどあり得ない。確かに敬愛するディオンの死は悲しい出来事であっただろう。だが、「プラトンは青年時代において戦争や革命を経験し、この「苛酷な教師」から既に多くを学んでいるのである。今になってシケリア事件に驚くことがあるだろうか。プラトンをかれら自身と同じような学者先生としか考えることのできない人たちだけがそのようなことを考えるのである」(同頁)。

プラトンの後期著作群は激動のこの時期に書かれている。あの『法律』もちょうど三回目のシケリア行きの後に書かれたものだ。プラトンは自らが関わった政治の現実の恐るべき結末を観ながら、みずからの哲学を徹底し続けたことになる。

こうやって見てくると、先に紹介した『ロゴスとイデア』が「現実」という論文から始まっていることの意味がじんわりと我々に伝わってくる。田中は現実についてこんなことを述べている。確かに「現実は世間に出て学ぶもの」であろう。だから現実家は理想家の思い描く希望を、世間とはかけ離れた個人的なものに過ぎないと考える。しかしながら、田中は言う、「世間に現実を求めるこの考え方は、社会的見地に立っているようで、実は個人の立場から考えているのである」(『ロゴスとイデア』二三―二四頁)。どちらも同じ穴の狢なのだ。「現実と希望との区別を、そのまま社会と個人の区別に配当する」ような考え方を斥けたところに田中は現実を見ようとした。そしてプラトンこそは田中にとってその見方を貫いた哲学者であった。

同書で最もよく知られているのは「ミソロゴス」の論文である。ミソロゴスとは『パイドン』において、ミサントローポス(人間嫌い)と並んで現れる語であり、田中はこれを「言論嫌い」と訳している。若き日の福田恆存を大いに感動させたというこの論文（郡司勝義「田中美知太郎と小林秀雄(1)」、『田中美知太郎全集』第一九巻、筑摩書房、一九八九年、「月報」参照）で田中が強調する点は明快であって、不用意にすべての人間を信用するから人はミサントローポスになり、不用意にロゴス（言葉であり論理）を信じるから人はミソロゴスになるということである。憎むべきは自らの不用意であってロゴスではないというのに、人は不用意ゆえにロゴスに欺かれたと思い、それを憎む。

『ロゴスとイデア』が出版された一九四七年という年のことを考えるならば、ミサントローポスにせよミソロゴスにせよ、敗戦直後の日本を観ていた田中の経験をそこに読み取らないことは難しい。田中は間違いなく日本の軍国主義に戦前戦中を通じて距離を取っていた。だが、そんなことを戦後にわざわざ口にするのは恥ずかしいと考えていた。また「単純な反戦や平和の立場」にあったわけでもない（『時代と私』三五三頁）。そのことの是非は改めて考えなければならないのかもしれないが、一つ言えるのは、突如、「平和と民主主義」を叫びはじめた日本国民に強い違和感を抱いた田中がいたということである。不用意な態度は人をたやすく絶望へと陥れ、絶望に陥った人はそれをかき消すように、世間で正しいと受け止められているスローガンをまるで自分の思想であるかのように大声で歌い上げる。

『ロゴスとイデア』の数年後に出版された『哲学初歩』では、このロゴスとミソロゴスを巡る議論が、知識を授けたり、知識を受け取ったりするとはどういうことかという積極的な方向性で再提示されている。取り上げられるのは、道を尋ねるというありふれた例である。道を尋ねられた時、暇と親切があればわたしは一緒に歩いて連れていってやるかもしれない。だが、それで知識を授けたことになるだろうか。では言葉で道を教えるのはどうか。道を教えるためにはその道のことをよく知らなければならない。そして言葉で道を教えることができた時、その教えは、いつでもどこでも、誰のためにも役立ちうる知識となる。これが学問的なロゴスである。ロゴスはその意味で「既にヘラクレイトス（fr. 2）が言っているように、公共的なものなのである」（『哲学初歩』一一九頁）。

しかし、田中は言う、「言葉に出して言われたものが、そのまま知識であるかどうか。あるいはまた、書物に書かれてあることが、そのまますぐに知識であると言えるかどうか。私たちは道を教えてもらって、説明を聞いただけで、道を知ったことになるかどうか」（同書、一二〇頁）。ロゴスがそのまま知識なのではない。私たちは教えられた通りに歩いてみて、言われた通りに目的地に着くことができた時にはじめて道を知ったと言えるのである。その時にはじめて「言葉で教えられたことが、本当に学ばれたことにもなるであろう」（同書、一二一頁）。

知識には実証的な真実性と理論的なロゴス性という二面がある。公共的な面と私的な面と言ってもよい。「不用意」な人はこの二面性を知らない。

田中は戦後を生きながらそのような「不用意」を周囲に感じながらも、同時に、それを乗り越えるための知識のあり方を積極的に説いた。その活動はおそらく、戦後の日本の言説空間においては保守派という形にならなければならなかったのだろう。もちろんそれは二一世紀の日本が知っている「保守派」とは似ても似つかないものである。また、だからといって、田中の保守派としての主張がすべて今でも説得的であるわけでもない。

ただ言えるのは、田中美知太郎とは、その関心と研究と活動が、すがすがしいほどの透明性をもって一続きであった、そのような人物だということである。もしかしたら、そのようなことは今は望めないかもしれない。そのようなことは、田中が主に、人々が並々ならぬ知識欲を抱いた戦後に活躍したからなのだという風にも考えたくなる。だが、それはやはり言い訳であろう。時代は「出口のない箱」ではないのだとしても、田中は自らでその出口を探し出したのである。それは田中自身にとっても労苦を伴う経験だったはずである。

（哲学、東京大学准教授）

本書の原本は、一九八五年に「筑摩叢書」の一冊として、筑摩書房より刊行されました。本書に登場する文献の書誌情報については、正確を期するために確認を行った上、現在までに邦訳が刊行されたものはその情報を付加しました。学術文庫版で追加した情報は〔 〕の形で区別しています。なお、本書には今日では差別的とされる表現がわずかに見られますが、古代ギリシア文献の引用中に出現すること、またすでに故人である本書の著者による訳文そのものが歴史的価値を有していることに鑑み、あえて原本のままとしてあります。読者諸賢のご理解を賜りたく、お願いいたします。

田中美知太郎（たなか　みちたろう）

1902-85年。京都帝国大学文学部哲学科卒業。京都大学名誉教授。文化勲章受章。専門は，哲学・西洋古典学。主な著書に，『哲学入門』，『ソフィスト』（以上，講談社学術文庫），『ロゴスとイデア』（文春学藝ライブラリー）ほか。主な訳書に，プラトン『テアイテトス』（岩波文庫），エウリピデス『エレクトラ』，アリストパネス『雲』（以上，ちくま文庫）ほか。

定価はカバーに表示してあります。

古代哲学史

田中美知太郎

2020年12月９日　第１刷発行
2021年２月12日　第２刷発行

発行者　渡瀬昌彦
発行所　株式会社講談社
東京都文京区音羽 2-12-21 〒112-8001
電話　編集（03）5395-3512
販売（03）5395-4415
業務（03）5395-3615

装　幀　蟹江征治
印　刷　豊国印刷株式会社
製　本　株式会社国宝社
本文データ制作　講談社デジタル製作

ISBN978-4-06-521910-2

「講談社学術文庫」の刊行に当たって

これは、学術をポケットに入れることをモットーとして生まれた文庫である。学術は少年の心を養い、成年の心を満たす。その学術がポケットにはいる形で、万人のものになることは、生涯教育をうたう現代の理想である。

こうした考え方は、学術を巨大な城のように見る世間の常識に反するかもしれない。また、一部の人たちからは、学術の権威をおとすものと非難されるかもしれない。しかし、それはいずれも学術の新しい在り方を解しないものといわざるをえない。

学術は、まず魔術への挑戦から始まった。やがて、いわゆる常識をつぎつぎに改めていった。学術の権威は、幾百年、幾千年にわたる、苦しい戦いの成果である。こうしてきずきあげられた城が、一見して近づきがたいものにうつるのは、そのためである。しかし、学術の権威を、その形の上だけで判断してはならない。その生成のあとをかえりみれば、その根は常に人々の生活の中にあった。学術が大きな力たりうるのはそのためであって、生活をはなれた学術は、どこにもない。

開かれた社会といわれる現代にとって、これはまったく自明である。生活と学術との間に、もし距離があるとすれば、何をおいてもこれを埋めねばならない。もしこの距離が形の上の迷信からきているとすれば、その迷信をうち破らねばならぬ。

学術文庫は、内外の迷信を打破し、学術のために新しい天地をひらく意図をもって生まれた。文庫という小さい形と、学術という壮大な城とが、完全に両立するためには、なおいくらかの時を必要とするであろう。しかし、学術をポケットにした社会が、人間の生活にとってより豊かな社会であることは、たしかである。そうした社会の実現のために、文庫の世界に新しいジャンルを加えることができれば幸いである。

一九七六年六月

野間省一

佐藤弘夫著
「神国」日本 記紀から中世、そしてナショナリズムへ

「神国」思想は、日本の優越性を表すものでも、排他的なものでもなかった。神国思想の形成過程と論理構造を解読し、近世・近代への変遷を追う千年の精神史。既成概念を鮮やかに覆す思想史研究の意欲的な挑戦！

2510

アントニオ・ダマシオ著／田中三彦訳
意識と自己

意識が生まれるとはどういうことなのか。身体的変化・情動から感情がいかに作られ、その認識に意識はどう働くのか。ソマティック・マーカー仮説で知られる世界的脳神経学者が、意識の不思議の解明に挑む。

2517

山本ひろ子著
変成譜（へんじょうふ） 中世神仏習合の世界

神仏習合の多彩な展開に、心身と世界の変革＝「変成（へんじょう）」という宗教運動を見出した、著者渾身の作。中世という激動の新世界、その遠大な闇と強烈な救済の光に、日本随一の宗教思想史研究者が迫る！

2520

中島義道著
カントの「悪」論

カント倫理学に一貫する徹底した「誠実性の原理」。「幸福の原理」を従わせ、自己愛を追求する人間本性に対し「理性」が命ずる誠実性とは何か？　普遍的な倫理学の確立を目指した深い洞察に触れる。

2524

西村ユミ著（解説・鷲田清一）
語りかける身体 看護ケアの現象学

「植物状態」は「意識障害」ではない——。実際に彼らと接する看護師や医師が目の当たりにする「患者の力」とは。自然科学がまだ記述できない、人と人との関わりのうちにある〈何か〉を掬い出す、臨床の哲学。

2529

姜尚中著
ナショナリズム

グローバル化が世界を覆い尽くす中、しかしナショナリズムという奇怪な力は巧妙さを増し、猛威をふるい続けている。ISやブレクジットなど、国家の枠組みの変化を受けて書かれた新稿を収録した完全版。

2533

老子　全訳注
池田知久著

無為自然、道、小国寡民……。わずか五四〇〇字に込められた、深遠なる宇宙論と政治哲学、倫理思想と養生思想は今なお示唆に富む。二〇〇〇年以上読みつがれる大古典の全訳注。根本経典を達意の訳文で楽しむ。

2539

トクヴィル　平等と不平等の理論家
宇野重規著

デモクラシーとは何なのか？　トクヴィルの思想を「平等化」をキーワードに読み解く。ポピュリズム、ポストトゥルース、グローバリズムに直面する〝アメリカのデモクラシー〟その根源へ切り込む思考。

2551

四字熟語の教え
村上哲見・島森哲男編著／小川陽一・小野四平・荘司格一・清宮　剛著

四文字の歴史物語――。言葉の背景にある故事から解説することで、歴史や人々の思い、込められたニュアンスまで理解できる、静かなる名著。四八〇語を春夏秋冬の四章に収録。気楽に読める・わかる・使える！

2559

ペルシア人の手紙
シャルル＝ルイ・ド・モンテスキュー著／田口卓臣訳

二人のペルシア貴族がヨーロッパを旅してパリに滞在している間、世界各地の知人たちとやり取りした虚構の書簡集。刊行（一七二一年）直後から大反響を巻き起こした異形の書を、気鋭の研究者による画期的新訳。

2564

全体性と無限
エマニュエル・レヴィナス著／藤岡俊博訳

特異な哲学者の燦然と輝く主著、気鋭の研究者による渾身の新訳。二種を数える既訳を凌駕するべく、原書のあらゆる版を参照し、訳語も再検討しながら臨む。次代に受け継がれるスタンダードがここにある。

2566

レヴィナス　「顔」と形而上学のはざまで
佐藤義之著

唯一無二の哲学者レヴィナスの二冊の主著『全体性と無限』（一九六一年）と『存在とは別様に、あるいは存在することの彼方へ』（一九七四年）を解説し、さらに「ケア」という現代の問題につなぐ定評ある一冊。

2567